남북 문화 교류의 창

평양 걸그룹

모란봉
악단

평양 걸그룹
모란봉 악단

초판 1쇄   2014년 12월 15일

지은이   오기현
발행인   김재홍
교정·교열   안리라
디자인   고은비
마케팅   이연실

발행처   도서출판 지식공감
등록번호   제396-2012-000018호
주소   경기도 고양시 일산동구 견달산로225번길 112
전화   02-3141-2700
팩스   02-322-3089
홈페이지   www.bookdaum.com

ISBN   979-11-5622-062-6   03680

CIP제어번호   CIP2014036182
이 도서의 국립중앙도서관 출판시 도서목록(CIP)은 이 도서의 국립중앙도서관
출판시 도서목록(CIP)은 서지정보유통지원시스템 홈페이지(http://seoji.nl.go.kr)와
국가자료공동목록시스템(http://www.nl.go.kr/kolisnet)에서 이용하실 수 있습니다.

남북 문화 교류의 창

평양 걸그룹
모란봉
악단

오기현 지음

지식공감

차례

제1장. 변화의 아이콘 모란봉 악단

1. 17인의 미녀, 북심(北心)을 사로잡다 _9

2. 모란봉 악단의 등장 배경 _11

3. 모란봉 악단의 유전자는 누구로부터 물려받은 것인가? _14

4. 김정은 시대, 음악 예술의 화원이 만개하다! _17

5. 북한 최고의 인재들이 모인 모란봉 악단 _19

6. 루머에 휘말린 예술 창조의 본보기_22

제2장. 모란봉 악단의 공연 속에서 찾은 한류

1. 성격이 다른 세 번의 주요한 공연 _29

2. 모란봉 악단의 공연을 통해 본 방북 공연의 효과 _76

3. 소프트 파워의 막강한 위력 _89

4. 휴전선 넘어 깊숙이 들어간 한류! _92

5. 유격대 여전사로 후퇴한 모란봉 악단 _97

제3장. 방북 공연에 보낸 북한 관객들의 갈채를 기억하자!

1. [SBS 2000년 평화 친선 음악회] _102

2. [MBC 민족 통일 음악회] _113

3. [2002 MBC 평양 특별 공연
   −이미자의 평양 동백아가씨 / 오! 통일코리아] _122

4. [KBS 평양 노래자랑] _143

5. [SBS 류경정주영체육관 개관 기념 통일 음악회] _154

6. [SBS 특별 기획, 조용필 평양 2005] _164

7. 방북 공연을 개최할 때 고려되어야 할 기준 _175

제4장. 남북한 대중문화의 교류와 방향

1. K-POP의 포용성 _191

2. 싱가포르에 나타난 김정철 _193

3. 송혜교 머리를 압니까? _196

4. 창조적인 자세로 새로운 통일 문화의 공간을 열어가자 _198

색인_Index_201

에필로그 _207

제1장.

변화의 아이콘
모란봉 악단

17인의 미녀, 북심(北心)을 사로잡다

"몽땅 접고 테레비 보러 가자!"

2012년 7월 11일 모란봉 악단 공연이 조선중앙TV에 방영된다는 예고가 나가자 평양 장마당의 상인들은 철시를 하고 방송을 보기 위해 서둘러 귀가했다. 사람이 많이 모이는 평양대극장 앞 광장과 주변 길들도 한산했다. '경애하는 김정은 동지께서 문학예술 부분에서 혁명을 일으키기 위해 새 세기의 요구에 맞게 친히 조직해주셨기' 때문만은 아니었다.

치렁치렁한 웨이브 펌 혹은 쇼트커트 헤어스타일, 어깨와 목이 드러난 반짝이는 튜브 톱 드레스, 짧은 미니스커트와 허벅지까지 노출된 다리, 반짝이는 에나멜 구두, 큐빅과 크리스털로 장식된 금속성의 팔찌와 목걸이, 경쾌하고 선정적인 몸동작, 열한 명의 연주자와 여섯 명의 가수가 꾸미는 무대는 북한 주민들에게 새로운 세상의 도래를 알리는 신호였다.

모란봉 악단의 악장인 바이올리니스트 선우향희는 북한의 아이돌이다. 연주 실력이 받쳐주는 깜직하고 현대적인 외모에 세련된 무대 매너는 이미 북한의 젊은이들에게 하나의 우상으로 자리 잡았다. 은은한 색조 화장, 감각적 헤어스타일, 화려한 장신구는 북한 신세대들에게 선망의 대상이자 유행의 전주곡이다.

톰과 제리, 곰아저씨 뿌, 미키마우스, 미인과 야수(북한식 표현)의 주제곡 연주와 함께 무대에 등장한 캐릭터들은 오랜 기간 지켜온 '금기의 철폐'를 상징한다. 젊은이들은 공연장 맨 앞자리를 차지하기 위해 사비(웃돈)를 5유로씩 주고 입장하기도 했다. 조선중앙TV에서는 모란봉 악단의 공연을 항상 주요 뉴스로 보도하고 공연 장면을 편집해 방송 중간에 내보낸다. 평양과 외국을 오가는 JS항공기의 객실, 양각도호텔의 로비 등 사람들이 많이 모인 곳에서는 여지없이 모란봉 악단의 '실황록화' 영상이 반복해서 상영된다. 새로운 지도자와 함께 등장한 모란봉 악단의 경쾌한 음악 소리가 침체된 북한 사회를 깨우고 주민들에게 희망의 메시지를 던지고 있다.

▲ 장마당 상인들을 철시하게 한 모란봉 악단 시범 공연

모란봉 악단의 등장 배경

가수 7명과 11명의 연주자로 구성된 모란봉 악단은 2012년 초 김정은 국방위원회 제1위원장의 지시로 조직되었다. 2012년 7월 6일 김정은 제1위원장의 참석 하에 시범 공연을 벌인 이후 지난 2014년 9월 3일까지 20여 차례 공연을 열었다. 모란봉 악단은 북한 특유의 '음악정치'의 산물이다. '음악정치'란 '음악을 통해 당면한 온갖 어려움과 난관을 극복하고 사회주의건설을 향해 매진해나간다'[1]는 북한식 통치 방식을 말한다. 북한은 체제 결속의 가장 강력한 수단으로 음악을 활용한다. 김정일 위원장은 '음악은 정치에 복무해야 하며, 정치가 없는 음악은 향기 없는 꽃과 같다'라고 말했다.

전문가들은 약 20년 만에 지도자가 바뀌면서 체제결속과 새로운 이미지의 창출을 위해 음악과 시각적 효과가 극대화된 걸 그룹을 등장시켰다고 분석한다. 국내보도에 따르면 김정은 제1위원장은 총 20회의 모란봉 악단 공연 중 절반 이상의 공연을 관람했다. 최고 지도자의 일거수일투족에 정치적 의미가 부여되는 북한 사회에서 최고 지도자가 특정 악단의 공연을 절반 이상을 관람하였다는 것은 곧 그 악단의 공연 내용이 단순한 문화정책의 경계를 넘어 새 지도자가 의도하는 포괄적인 정책 변화의 방향을 상징한다고 볼 수 있다.

모란봉 악단의 등장 배경은 두 가지로 분석된다. 첫째는 앞서 지적한 것처럼 젊은 지도자의 이미지를 부각시키기 위한 것이다. 아버지 김정일에 비해 정치적 기반이 취약한 김정은은 단기간에 확실한 이미지를 창

출하기 위해, '인민의 생활 편의 시설 확충'과 '문화 공연의 확대'에 주력
했다. 능라곱등어(돌고래)관, 능라물놀이장, 롤러스케이트장, 평양민속
공원 등 대규모 유희장을 새로 열고 살림집을 건설한 것은 전자(인민의
생활 편의 시설 확충)에 해당한다. 그리고 능라인민유원지에 야외무대를
설치하거나 인민극장 개장, 모란봉 악단의 결성은 후자(문화 공연의 확
대)에 해당한다. 모란봉 악단의 결성은 새로운 지도자의 등장과 함께
국내외에 변화의 메시지를 보내고 사회 전체에 밝고 화사한 분위기를
연출하기 위한 것이다.

　두 번째 이유는 한류를 비롯한 대외문화의 확산에 대한 대응이다.
북한은 중국과 무역확대로 국경 지역을 통해서 한국과 중국의 영화, 드
라마, 공연 콘텐츠가 대량으로 유입되고 있다. 아울러 장마당의 활성화
로 거래 규모도 많이 늘어났다. 최근에는 전문 대여상이 등장하는 등
공급자 ― 중간 대여상 ― 소비자로 이어지는 유통 구조가 생겨나는 것
으로 파악된다. 이런 환경에서 이미 한 세대 전에 결성된 〈왕재산경음
악단〉과 〈보천보전자악단〉으로는 젊은 세대의 변화된 감성을 담아내
는 데 한계가 있다. 혁명 역사와 사회주의 교훈을 담은 혁명가요로는
더 이상 젊은이들의 변화된 감성을 따라잡기 어렵게 된 것이다.

　이런 시대 상황에 대응하기 위해 2009년 새로운 후계자의 등장을 계
기로 〈삼지연악단〉과 〈은하수관현악단〉을 결성했다. 두 악단 모두 클
래식 악기가 중심이며 단원들의 세련된 미모와 의상, 경쾌한 음악은 이
전의 왕재산악단이나 보천보악단과 차별화된다. 북한의 퍼스트레이디
리설주도 2010년부터 1년간 은하수관현악단에서 가수로 활동했다. 〈
삼지연악단〉과 〈은하수관현악단〉으로 새로운 공연 스타일의 수용이
확인되자 2012년 김정은과 리설주가 주도하여 〈모란봉 악단〉을 결성했

다. 김정은이 나서서 "젊은이들이 만끽할 수 있는 공연을 준비하라"라고 직접 지시했다고 한다.

우리가 모란봉 악단에 주목하는 이유는 공연에 담긴 정치적 메시지보다는 공연 형식에 있다. 모란봉 악단의 공연 중 가장 인상적인 공연은 2013년 1월 1일 열린 '신년 경축 음악회' 공연이다. '류경정주영체육관'에서 열린 이날 공연은 1999년부터 진행되어온 남한 방송사의 방북 내중공연 영향을 직간접적으로 받은 것으로, 남북 대중문화 교류의 실증적인 효과로 볼 수 있다.

문화는 저절로 변화하거나 발전하지 않는다. 특히 대중문화는 아무리 규제와 단속을 하더라도 자신만의 통로를 통해 동시대 다른 영역이나 장르의 문화와 끊임없이 교류하고 영향을 주고받는다. 모란봉 악단 역시 과거 북한 공연단의 자발적 성장이나 변모가 아니라 동시대 외국의 대중문화, 특히 남한 대중문화의 영향을 강하게 받아 탄생한 것으로 보인다. 2012년 7월 화제를 뿌리고 등장한 모란봉 악단의 모습 속에서 남북한 대중문화 교류의 효과와 남북한 문화 통합의 해법을 발견할 수 있다.

모란봉 악단의 유전자는
누구로부터 물려받은 것인가?

북한음악은 정치적 성향이 강하다는 특징이 있다. 북한음악의 정치적 성향은 크게 '주체음악론'과 '음악정치'라는 말로 대변된다. 주체사상의 국가인 북한에서 음악도 주체사상의 지도 이념을 따라야 한다는 데예외가 있을 수 없다. 1991년 편찬된 북한의 음악예술론에 따르면 주체음악의 기본 방침은 '민족음악을 사회주의 건설자들의 정서와 지향에 맞게 발전시킨다.'라고 한다. 음악정치란, 전술한 것처럼 인민은 정치사상적 무기로서 인민의 이익과 혁명의 이익에 복무해야 한다는 원칙에 따라 '음악을 통해 당면한 온갖 어려움과 난관을 극복하고 사회주의 건설을 향해 매진해나간다'라는 북한의 음악적 통치 방식을 말한다. 한마디로 북한의 음악은 북한 통치 이념의 실현을 위해 정치적 메시지를 담아야 한다는 말이다. 모란봉 악단의 결성 목적이 정치적 선전에 있다는 것을 알 수 있는 대목이다.

모란봉 악단의 성격을 이해하기 위해서는 모란봉 이전에 활동한 악단에 대해서도 살펴봐야 한다. 북한 최초의 악단은 「만수대예술단」이다. 1946년부터 활동한 평양가무단을 기반으로 1969년 창립된 단체로 음악과 무용을 망라한 '종합예술단체'이다. 가수, 연주자, 합창단, 무용단, 관현악단, 작곡가, 무대연출가 등 다양한 인력이 결합되어 있으며, 혁명가극 〈꽃 파는 처녀〉를 창작하여 1,000회 이상 공연하였다.

왕재산예술단(왕재산경음악단)은 1983년 7월 결성된 북한 최초의 경음악단이다. 경쾌하고 명랑한 경음악과 노래, 현대무용을 창작하였다. 경음악 전속악단, 가수, 안무가와 무용수로 구성되어 있으며 북한 최고의 가수로 평가받는 렴청과 장윤희가 활동했다. 민요풍의 노래를 많이 부르며, 주로 김정일이 주최하는 당·정 고위 간부들의 모임이나 외국인이 참석하는 행사에서 공연했다.[2]

　2년 뒤인 1985년 6월 결성된 보천보전자악단은 왕재산예술단과 다르게 주로 대중 공연을 했다. 만수대예술단의 전자음악공연단을 분리하여 결성하였으며, 남북통일이나 개인감정을 그린 경쾌한 생활 가요를 많이 불렀다. 전혜영의 〈휘파람〉과 리경숙의 〈반갑습니다〉 등은 북한의 젊은 층에게 많은 호응을 받았으며 남한의 대학가에서도 인기를 끌었다.[3]

　「삼지연악단」은 2009년 1월 16일 「만수대예술단」의 산하단체로 조직되었으며, 양악기로 이루어져 클래식음악의 대중화를 시도한 최초의 악단이다. 남성 단원도 있으나 미모의 여성 단원이 중심이며, 여성 바이올린 악장이 지휘도 하고 연주 도중에 관객들의 박수를 유도하기도 한다. 2009년 10월 13일 동평양대극장에서 「은하수관현악단」, 「만수대예술단」과 함께 '10월 음악회'에 참여하기도 했다.[4] 미모의 여성관현악단에 대중적인 무대 매너를 갖추었다는 점에서 모란봉 악단의 탄생에 직접적인 영향을 미쳤다고 볼 수 있다.

　「은하수관현악단」은 2009년 김정일 위원장이 직접 조직한 것으로 알려져 있다. 은하수관현악단의 구성원은 보천보전자악단, 왕재산경음악단, 윤이상음악단 등 북한 최고의 악단에서 차출된 인물들이다.[5] 남녀 혼성의 연주자와 가수로 구성되어있으며 모란봉 악단이 등장하기 전에는 북한의 주요 기념일과 행사에서 공연하였다. 해외 유학파와 국제 콩쿠르에 입상한 인재들 중심의 구성으로 북한을 대표하는 신세대 악단이다. 2012년 3월 정명훈의 지휘 아래 프랑스 파리에서 「라디오프랑스 연주단」과 함께 연주하기도 했다.

잘나가던 「은하수관현악단」은 2013년 8월 악장 문경진과 가수 현송월이 '음란 비디오'를 제작, 판매한 혐의로 처형되면서 해체되었다는 보도가 나와 활동이 중단되었다. 「은하수관현악단」의 활동 중단은 한때 북한에 비판적인 국내 언론의 단골 가십거리가 되었으며, 북한 정권의 잔혹성과 의외성의 상징처럼 여겨졌다. 음란 비디오 제작에 관여한 남녀가 공개 처형되었으며, 여성 단원들이 권좌에서 밀려난 장성택과 부적절한 관계였다는 미확인 기사까지 쏟아졌다.

2014년 초, 처형되었다던 현송월이 다시 언론에 등장하면서 보도의 신빙성에 의문이 제기되기도 했다. 그러나 주요 악단이 북한에서 차지하는 정치적 위상과 맞물려 「은하수관현악단」이 음악이라는 고유 활동과 관련되지 않은 이유로 활동이 정지된 것은 분명해 보인다. 모란봉 악단이 등장하기 전부터 활동한 「은하수관현악단」은 「삼지연악단」과 함께 북한의 예술 부문에서 나타난 중요한 변화로 평가받는다.

▲ 은하수악단의 대표적인 여가수 박금희와 서은향

김정은 시대,
음악 예술의 화원이 만개하다!

"내용에서 혁명적이고 전투적이며, 형식에서 새롭고 독특하며, 현대적이면서도 인민적인 것으로 일관된 개성 있는 공연을 무대에 펼치었다. 불과 10명의 연주가들이 몸에 배인 세련된 연주기법으로 대관현악단이 내는 장중하고 풍부하면서도 장쾌한 선율을 멋들어지게 울렸으며 젊은 가수들은 곡상의 요구를 훌륭히 구현하여 노래를 정서적이고 흥취 나게 불러 무대를 시종 격정과 환희로 달구었다."[6]

"모란봉 악단과 은하수악단의 창작가, 예술인들은 혁명적인 창조 기풍으로 예술 창조에서 커다란 성과를 이룩함으로써 문학예술의 모든 단위들에서 따라 배워야 할 모범을 창조하였으며, 문학예술 부문의 모든 단위들에서 모란봉 악단과 은하수관현악단의 혁명적이고 진취적이며 혁신적인 창조 기풍을 적극 따라 배워 세계를 뒤흔든 20세기 문학예술 혁명의 포성이 새 세기에도 힘차게 울려 퍼지게 하여야 한다.[7]"

"침체와 권태를 모르는 모란봉 악단의 혁명적이며 진취적인 창조 기풍을 본받아 시대를 선도하자.[8]"

"녀성 연주가들과 가수들의 참신하고 약동적이며 세련된 예술적 형상[9]"

"가슴과 가슴을 높뛰는 격정과 환희, 끝없는 매혹과 열정으로 끓게 하는 전투적이면서도 특색 있고 참신하고 진취적인 공연으로 천만군민의 심장마다 래일에 대한 희망과 락관, 혁명승리에 대한 확신, 생활에 대한 끝없는 사랑의 감정이 세차게 고동치고 있는 우리의 모란봉 악단![10]"

북한에서는 문예창작가들이 늘 새로운 어휘와 수식어를 창작한다고 한다. 그렇다고 하더라도 예술단체에 보내는 찬사가 이보다도 더 융숭하고 화려할 수가 있을까? 얼마나 아름답고 고마우면 현재 활동 중인 예술 공연단에 대해 이런 미사여구와 찬미의 글을 동원할까? 예술적 감흥은 개인마다 다를 수밖에 없으며 객관적 기준이 있는 것은 아니다. 따라서 북한의 예술적 취향과 평가에 시비를 걸 수는 없을 것이다. 모란봉 악단에 대해 시종일관 최고의 찬사를 보낸다는 것은 결국 모란봉 악단의 공연 안에 제시한 정치적 메시지가 그만큼 중요하다는 의미이다. 모란봉 악단은 대중 예술을 앞세워 북한의 변화를 견인하려는 김정은 통치 방식을 상징한다.

북한 최고의 인재들이 모인
모란봉 악단

　임무가 막중한 만큼 구성원들의 자질도 출중하다. 모란봉 악단은 2014년 9월 3일까지 총 20여 회의 공연 중에 모두 20명 정도의 연주자와 가수가 등장한다. 단원은 모두 여성이다. 1회차 시범 공연에서는 악단 11명과 가수 6명이 등장하였으나 회차를 거듭할수록 인원이 한두 명씩 증가했다. 악장 겸 전자바이올린 연주자 선우향희는 앞서 언급했듯이 북한의 아이돌이다. 늘씬하고 서구적인 외모의 소유자인 선우향희는 평양 대동문유치원 시절부터 촉망받던 음악 수재로 평양음악대학에서 수학했고 2.16 예술상 바이올린 부문에서 입상한 경력이 있다. 만수대예술단의 여성기악중주단과 삼지연악단에서 바이올린 단원으로 활동하다가 모란봉 악단에 참여했다[11].

　가수인 류진아는 2013년 7월 공훈배우 칭호를 받았고 라유미도 2014년 5월 공훈배우칭호를 받았다. 북한에서 공훈배우는 예술활동에서 특출한 공훈을 세운 배우를 뜻하며, 고급 관료에 준하는 대우를 받는 것으로 알려져 있다. 대게 10~20년 이상 활동한 예술가들에게 내려지는 칭호를 불과 결성된 지 1~2년된 단체의 가수들에게 부여했다는 것은 북한 예술계에서 그만큼 모란봉 악단의 위상이 높다는 것을 반영한다. 2014년 4월에는 모란봉 악단의 작곡가 3명에게 로력영웅 칭호가 수여됐으며, 8월에는 〈철령 아래 사과바다〉를 창작 형상한 모란봉 악단의 가수 김설미와 작가 차호근, 작곡가 안정호, 녹음사 길원금에게 표창이 수여되었다.

　모란봉 악단의 조직을 보면 악장 현송월, 부악장 김운룡, 황진영(인민예술가, 로력영웅), 장정애, 창작가 우정희(인민예술가, 로력영웅), 안정호(인민예술가, 로력영웅), 가수 류진아(공훈배우), 라유미(공훈배우), 김설미, 김유경, 리명희, 박미경, 박선향, 정수향, 연주자 선우향희(바이올린, 악장), 홍수경(바이올린), 차영미(바이올린), 유은정(첼로), 강정희(전기기타), 리설란(전기기타), 최정임(색소폰), 리윤희(드럼), 리희경(전자건반악기), 김향순(전자건반악기), 김영미(피아노) 등이다. 가수 라유미, 리명희는 중간에 합류했고 일렉트릭 베이스 기타의 리설란은 전혜련으로 교체되었다. 그리고 2014년 9월에는 가수인 공훈배우 리옥화가 새로 합류했다. 모란봉 악단은 최초에는 가수 6명과 연주자 11명으로 시작했으나 중간에 단원들이 교체되거나 보강되어 인원수가 늘었다.

▲ 북한의 아이돌 모란봉악단 악장 선우향희

▲ 공훈배우 칭호를 받은 모란봉 악단 가수 류진아

루머에 휘말린 예술 창조의 본보기

2013년 8월 말 한 신문은 중국 내의 대북소식통을 인용해 은하수관현악단 소속 예술인 10여 명이 음란물을 찍어 총살되었다는 기사를 보도했다. 여기에는 김정은 노동당비서의 옛 애인으로 알려진 가수 현송월과 은하수관현악단 악장인 문경진, 차석 바이올리니스트 정선영 등이 포함되어 있으며, '김정은의 성(性) 녹화물을 보지 말 것에 대하여'란 지시를 어긴 혐의로 8월 17일 체포돼 3일 만에 전격 처형되었다는 구체적 사실까지 적시되어 있다.

이어서 한 달이 지난 9월 말 일본의 아사히신문이 "북한의 인민보안부(경찰)가 리설주와 관련된 추문을 은폐하기 위해 은하수관현악단과 왕재산예술단 단원 9명을 공개처형했다"라고 보도했다. 북한의 퍼스트레이디 리설주가 한때 은하수악단 멤버였다는 이유로 스토리는 현송월에서 리설주로 확대되었다. 그리고 12월 초 장성택 숙청 사건이 일어나자 은하수관현악단이 장성택의 기쁨조였으며, 리설주도 장성택과 관련이 있다는 이야기로 비화되었다.

'은하수관현악단과 현송월의 처형설'은 이제 확실한 팩트(fact)로 북한 관련 뉴스의 주요한 소스(source) 자리를 잡았다. 현송월을 비롯한 은하수악단단원들이 가족과 단원들이 보는 앞에서 기관총으로 사살되었으며, 가족들은 모두 정치범수용소로 끌려갔다는 공포소설적이자 지극히 북한적인 이야기도 추가되었다. "임신한 여성 가수를 포함한 단원들을 향해 4신기관총을 난사했으며, 시신에는 불기둥방사기를 퍼부어

재가루로 날려보냈다."라는 '중국에 체류한 한 북한 인사'의 생생한 증언도 나왔다. 은하수악단, 현송월, 리설주, 장성택으로 엮어진 소설은 종편뿐 아니라 인터넷 매체, 주요 일간지, 심지어는 지상파 방송에서도 그럴듯하게 포장되어 보도되었다.

그런데 총살되었다던 현송월이 살아났다. 2014년 5월 16일 평양에서 열린 '제9차 전국예술인대회'에 모란봉 악단 악장으로 나타나 단상에서 발표를 한 것이다. 조선중앙TV은 현송월이 토론회에서 "모란봉 악단의 창조 정신, 창조 기풍은 원수님의 혁명시간에 우리의 일과를 맞추고 한 편의 명작을 위해서라면 한 몸을 깡그리 부수고 목숨까지 바치려는 각오"임을 밝혔다고 한다.

죽은 현송월이 환생하여 TV 화면에 나타난 '세상에 이런 일이' 사건을 보면 북한 관련 보도의 전개 과정이 나타난다. 즉 (확인되지 않은) 대북소식통 → (일부) 보수 언론 → (대부분의) 국내 언론 → 외신 → (대부분의) 국내 언론으로 확대, 재생산되고 기정사실화된다. 기사를 처음 보도했던 국내 언론은 자신의 기사를 인용 보도한 외신을 인용한다. 그리고 마치 해외 언론이 보도했으므로 확인된 사실인 양 다시 기사화한다.

국내 언론들은 북한에 관한 오보를 부담스러워하지 않는다. 더 자극적이고 흥미롭게 창작할 수 있는 능력만을 경쟁한다. 사실 여부를 확인할 수 없고, 확인되더라도 정정 보도나 법적인 제재를 받지 않는다. 오히려 시원하게 때려주었으므로 시청자나 독자들을 위한 의무를 다했다고 생각한다.

북한의 아이돌 선우향희와 공훈배우 류진아도 똑같은 숙청설에 휘말렸다. 2013년 10월 10일 〈조선로동당창건 68돐 경축 합동공연〉이후 5개월간 활동이 없었다. 2014년 2월 모란봉 악단의 일부 단원이 장성택 사건과 연루되어 숙청되었으며 함경북도 청진의 수성교화소에 수감되었다는 내용이 북한 전문 매체를 통해 보도되었다. 이 보도는 다른 매체들을 통해서 다시 확산되었다. 2014년 3월 27일에는 이들 모란봉 악단의 주요 단원들이 '장성택 일당' 연루 혐의를 받았던 것으로 '확인'되었다는 보도가 나왔다. 북한의 대외홍보용 페이스북 계정(DPRKMusicChannel)에 "선우향희, 류진아 등 일부 단원들이 장성택 계파에 강하게 연루되어 있어 현재 공연에 나서지 못한다"라고 밝혔다는 것이다.

▲ 루머에 휘말린 모란봉 악단 악장 선우향희

하지만 3월 17일 공연을 시작으로 모란봉 악단의 왕성한 활동이 다시 시작되었다. 그리고, 4월 16일 〈조선인민군제 1차 비행사대회 참가자들을 위한 축하공연〉에는 그동안 사라진 것으로 지목되었던 선우향희, 류진아, 리명희, 박선향이 모습을 드러내었다. 일부 언론은 은하수 사건과 북한 예술계에 영향력이 컸던 장성택 사건 후 내부 정비를 위해 활동을 중단했거나, 자숙 기간을 거쳤을 것이라고 추정하며 여전히 장성택과의 연계 가능성을 남겨두고 있다.

인기 연예인과 권력자의 관련성은 어느 나라를 막론하고 낯선 일이 아니다. 미국의 케네디 대통령과 여배우 마릴린 먼로의 염문은 전 세계적인 화제가 되었고, 우리나라에서도 유명 정치인과 연예인에 관련된 소문은 꽤나 흔하게 알려졌다. 하물며 가부장적 가치관과 강압적인 통치가 이루어지는 체제 안에서 권력자와 여성 연예인의 연계 가능성은 어렵지 않게 상상할 수 있다. 2014년 이후 공연 형식과 내용에 변화가 보이는 것은 어떤 형태로든 장성택 사건의 영향 가능성을 시사한다. 그렇더라도 근거가 명확하지 않은 소문에 대해서는 혼자 상상의 나래를 펴는 것으로 끝나야지, 절대 기사화해서는 안 된다. 남이든 북이든 근거 없는 보도는 당사자에게 돌이킬 수 없는 상처를 준다. 더 나아가 왜곡된 여론은 남북 관계를 악화시키고 우리 국민들에게 비뚤어진 대북관을 심어준다. 그리고 이런 대북관은 정부 정책에 반영되어 합리적이지 못한 판단을 내리게 한다.

전술한 바처럼 모란봉 악단의 단원들은 공연이 진행되면서 일부가 추가되거나 교체되기도 한다. 2014년 4월 복귀했다는 선우향희와 류진아가 한 달 뒤인 2014년 5월 〈제9차 전국 예술인 대회〉 공연에는 다시 모습을 감추었으며, 9월 3일 〈신작 음악회〉에서는 선우향희는 연주를 했으나 류진아는 보이지 않는다. 대신 민요가수인 리옥화가 새로 참여해 여러 차례 독창 무대를 꾸몄다.

가수와 연주자의 배치는 공연의 성격에 따라, 혹은 연출자의 연출 의도에 따라 수시로 달라진다. 건강 등 개인적 사정에 따라 무대에 설 수 없는 경우도 있다. 장기간 열정적으로 활동하는 가수나 그룹들은 신곡 준비를 위해 일정 기간 휴식을 가지는 것이 일반적이다. 북한이라는 특수성을 감안하더라도 객관적 시각으로 북한을 바라봐야 할 것이다. 그것이 남과 북 모두에게 도움이 되기 때문이다.

제2장.

모란봉 악단의
공연 속에서 찾은 한류

성격이 다른 세 번의 주요한 공연

모란봉 악단은 2012년 7월 6일 시범 공연을 시작으로 2014년 9월 3일까지 모두 20여 차례 이상의 공연을 가졌다. 2014년 3월 22일부터 4월 1일까지 4.25문화회관에서 열린 장기 공연과 4월 4일부터 11일까지 양강도 삼지연, 대홍단, 혜산 등의 지방 순회 공연을 각각 개별적인 공연으로 계산하면 실제적으로는 20회가 넘는다.

공연이 진행되면서 출연자와 내용이 조금씩 달라진다. 공연을 통해서 전달하려는 정치적 메시지가 변하기 때문이다. 특히 2013년 12월 장성택 사건 이후 공연에서는 다소 경직되고 군 위문 공연적인 성격으로 바뀌고 있음을 확인할 수 있다. 모란봉 악단의 가장 특징적인 공연은 최초로 열린 2012년 7월 6일의 〈시범 공연〉, 정주영 체육관에서 열린 2013년 1월 1일의 〈신년 경축 공연〉, 그리고 가장 최근 진행된 공연인 2014년 9월 3일의 〈신작 음악회〉이다. 세 차례의 공연을 중심으로 공연 내용을 분석해보자.

2012년 시범 공연

■ 새로움, 성적 매력, 개방 의지의 조화

시범 공연 방송을 전하는 조선중앙TV 여자 아나운서의 목소리는 자못 흥분되어 있다. "경애하는 김정은 동지께서는 주체 조선의 새로운 100년대가 시작되는 올해에 문학예술 부문에서 혁명을 일으키기 위한 원대한 구상을 나누시고, 새 세기의 요구에 맞는 모란봉 악단을 친히 조직해주셨습니다. 어버이 장군님의 음악정치의 위대한 업적과 생활력을 영원히 빛내 가시려는 경애하는 김정은 동지의 숭고한 염원과 정력적인 지도에 의해서 조직된 지 불과 몇 개월 되지 않은 모란봉 악단이 자기의 탄생을 온 세상에 선포하는 뜻 깊은 시범 공연이 막을 올렸습니다." 김정은 제1위원장이 예술 부문에서 혁명을 일으키기 위해 새 세기에 맞게 조직했으며, 김정일 위원장의 음악정치를 이어가려는 의도라는 의미다.

시범 공연의 특징을 요약하면 '새로움', '성적 매력 강조', '개방 의지'이다. 곡목 선정, 편곡, 악기 선정, 연주 기법, 무대장치, 효과, 캐릭터 등은 모두 이전에 없던 '새로움'에 초점이 맞춰져 있다. 악단의 구성원을 모두 여성으로 구성한 것은 다른 특별한 의미가 없는 한 여성성(女性性)을 통해 시선을 끌고 공연의 효과를 높여보겠다는 의도로 보인다. 대외적으로 여성해방과 남녀평등을 추구하지만 '여성은 꽃'이라는 전통적 가치관을 유지하고 있는 북한에서 여성들만으로 구성된 악단은 대중들의 매력과 관심을 끌기에 충분한 요건을 갖추었다고 할 것이다. 이런 가치관의 연장선에서 의상과 분장은 여성의 성적 매력을 강조했다. 가수와 배우들 상당수가 '쌍꺼풀 수술' 등 성형수술을 한 것도 역시 같은 의미로 해석된다. 한편 영화 록키와 미키마우스 등 미국 대중문화의 영상과 음악을 선보인 것은 서방의 문화를 흡수하겠다는 개방 의지를 나타난다.

전체적으로 1, 2부로 나누어 1부에 북한가요, 2부에 〈세계 동화 명곡 묶음〉 등 외국 음악이 주로 배치되어 있다. 방송이나 공연은 시청층을 정해놓고 제작이나 구성을 하는 것이 일반적이다. 즉 10대 청소년,

20~30대 젊은 시청자, 40~50대 중장년층, 노년층, 혹은 남성이나 여성 등으로 연령이나 성별에 따른 주 시청층(target audience)을 정한다. 경우에 따라서는 지적 수준이나 거주 지역으로 나누기도 한다. 그런데 모란봉 악단의 시범 공연은 '타깃 오디언스'가 불분명하다. 특히 민요와 정치적 성향이 강한 송가(訟歌)[12) 사이에 〈세계 동화 명곡 묶음〉을 배치하고 만화캐릭터까지 등장시킨 것은 공연의 통상적인 흐름을 끊는 구성이라고 할 수밖에 없다. 또한 동화의 내용에 일관성 있는 메시지를 발견하기도 어렵다. 단순히 서방의 애니메이션을 모아 짜깁기로 구성한 것이거나, 공연 기획자의 개인적 선호에 따라 배치한 것으로 추정된다.

공연 내용과 관련해 한 가지 참고가 될 만한 사례가 있다. SBS는 2005년 평양에서 〈조용필 평양 공연, Pil&Peace〉를 개최한 적이 있다. 한반도를 둘러싼 복잡한 정세 때문에 여러 차례 연기가 되다가 거의 일년 만에 공연 날짜가 잡히고 구체적인 공연 내용이 결정되었다. 그때 북한 측에서 공연 곡목 안에 꼭 포함해 주기를 원하는 노래를 FAX로 보내왔다. 〈돌아와요 부산항에〉, 〈그 겨울의 찻집〉 등 조용필의 대표곡들이었다. 〈돌아와요 부산항에〉는 워낙이 많이 알려진 노래여서 그렇다 치더라도, 〈그 겨울의 찻집〉이 포함된 것 대해서는 SBS 측에서 선뜻 이해를 할 수 없었다. 그런데 그 의문은 2006년 초가 되어서 풀렸다. 현대아산 현정은 회장이 북한의 김정일 위원장을 만났는데, 그 자리에서 자신은 조용필의 〈그 겨울의 찻집〉을 좋아한다고 말했다고 한다.

최고 지도자의 의지로 열리는 공연이므로 곡목 선정에 있어서도 그의 구체적인 의견이 반영될 것이다. 2부의 〈세계 동화 명곡 묶음〉에 나오는 노래들은 평소 북한 안에서 접할 수 있는 사람이 많지 않다. 결국 어린 시절을 해외에서 생활한 사람의 선호가 영향을 미쳤을 것이고, 애니메이션과 노래 선정에 김정은 제1위원장의 개인적 의사가 상당히 반영된 것으로 추정된다.

한편 미키마우스 등 캐릭터 인용의 사용에 대해 미국의 월트 디즈니사는 '북한에 월트 디즈니의 캐릭터 사용과 관련한 허가나 승인을 하지 않았다'라는 성명을 발표했고, 미국 국무부도 '모든 국가는 지적재산권 존중을 비롯해 국제통상규칙 및 법규를 준수해야 한다'라는 입장을 밝혔다. 변화의 바람 가운데 일어난 해프닝이지만, 향후 북한의 대외 개방과 관련해 다양한 사건이 발생할 수 있음을 예상할 수 있는 대목이다.

▲ 무대에 등장한 월트디즈니의 미키와 미니

■ 엄숙한 공연장 분위기

만수대예술극장에 진행된 공연은 막이 오르기 전 김정은 제1위원장과 리설주가 관객들의 기립 박수를 30초 받으며 등장한다. 군복과 한복 등을 입은 관객들이 만세를 외친다. 관객들이 복장에 따라 질서 정연하게 모여 앉아있다. 김정은 제1위원장의 부인인 리설주가 처음 소개되는 공식 무대이다. 김정은 제1위원장 부부의 좌우에는 최고 실세들인 최룡해, 장성택, 김기남, 현철해, 김양건 등이 동석했다. 공연이 끝나고 김정은 제1위원장이 엄지를 추켜올리며 만족감을 표시하는 장면이 인상적이다.

■ 변화 지향의 의도가 반영된 곡목

오프닝은 경음악 반주인 〈아리랑〉으로 빠르기에 따라 다양하게 편곡하였다. 민족적이면서도 대중적인 성향의 선곡이다. 두 번째 곡은 여성 4중창 〈그대는 어머니〉로 노동당의 고마움을 표시한다. 세 번째 곡은 경음악 〈차르다쉬〉. 네 명의 현악기 연주자 중심의 공연으로 연주자의 비교적 큰 동작이 인상적이다. 이후 외국 경음악 연주와 북한가요가 교대로 1시간가량 공연된다. 중국 가요인 〈붉은 기 펄펄(붉은 오성홍기)〉와 미국 영화 〈록키〉의 주제곡 〈이제 곧 날아오르리〉가 경음악으로 연주되었다.

전문가들은 〈록키〉의 연주와 그 배경 영상에 주목한다. 영상은 〈록키〉의 네 번째 시리즈의 한 부분으로 주인공 록키의 훈련 장면과 소련 선수를 때려눕히는 장면인데, '기존 사회주의 체제의 종주국이었던 구소련이 붕괴되었음에도 불구하고 북한의 우리식 사회주의 체제를 고수하고 있다는 메시지를 전하는 의도로 해석될 수 있다'[13]라고 한다. 그리고 〈록키〉와 〈나의 길(마이웨이)〉 중간에 연주된 〈녕변의 비단처녀〉 역시, 대미 메시지의 의미가 있다고 한다. 북한은 2008년 아리랑 공연 당시 북한의 영변을 핵시설 장소가 아니라 북한에서 유명한 비단생산지

로 묘사한 적이 있다. 영변을 비단생산지로 부각한 것은 북미관계 개선
및 그에 따른 경제 협력의 의미를 함축적으로 전하고자 하는 의도라고
한다.[14]

여성 3중창 〈들꽃 세 송이〉가 끝나고 잠시 악기를 튜닝하는 시간이
나오는데, 단 한 순간의 빈틈도 없이 쉴 새 없이 이어 돌아가는 공연 진
행에서는 이색적인 장면이라고 할 것이다.

공연 후반부는 '경음악과 노래, 세계 동화 명곡 묶음'으로 진행된다.
공연 시작과 함께 디즈니 캐릭터 미키와 미니, 곰돌이 푸와 티거, 초록
색 공룡 요시가 직접 무대에 등장하고 배경 화면에 월트 디즈니의 애니
메이션이 상영된다. 김정은 제1위원장의 개인적인 취향이 어느 정도 작
용했는지 알 수 없으나, 미국 애니메이션을 직접 무대 배경으로 삽입하
고 주인공 캐릭터들이 등장했다는 점은 김정은 제1위원장이 세계적 추
세를 문화 부문에도 적용한 것으로 변화를 지향하는 정책적 의도를 분
명히 보여주고 있으며,〈록키〉와 마찬가지로 미국에 대한 메시지를 담고
있다고 해석된다.[15]

마지막 곡은 여성 6중창 〈당을 노래하노라〉와 〈인민이 사랑하는 우
리 령도자〉이다. 북한 공연의 일반적 형식에 따른 것으로 김정은 제1위
원장에 대한 고마움을 공개적으로 표현했다고 볼 수 있다.

[표1] 〈시범 공연〉의 곡목

순서	곡목	비고
1	아리랑	경음악
2	그대는 어머니	여성 4중창 (박미경, 김설미, 류진아, 박선향)
3	차르다쉬	경음악(외국곡)
4	씨바의 녀왕	경음악(외국곡)
5	내 마음 별에 담아	여성 2중창(정수향, 김유경)
6	배우자	여성 5중창(박미경, 김설미, 정수향, 김유경, 박선향)
7	별의 쎄레나데	경음악(외국곡)
8	이 강산 높은 령 험한 길 우에	여성 2중창(정수향, 류진아)
9	빼넬로빼	경음악(외국곡)
10	예쁜이	경음악
11	붉은기 펄펄(오성홍기)	중국 가요. 여성 6중창(류진아, 박미경, 김설미, 정수향, 김유경, 박선향)
12	승리자들	1부 마무리
13	장밋빛을 띤 미뉴에트	경음악(외국곡)
14	녕변의 비단처녀	여성 3중창(김설미, 박미경, 김유경)
15	이땅의 주인은 말하네	여성 6중창(류진아, 박미경, 김설미, 정수향, 김유경, 박선향)
16	나의 길(마이웨이)	경음악(외국곡)
17	들꽃 세 송이	여성 3중창(김수향, 김유경, 박선향)
18	그 품 떠나 못살아	경음악
19	경음악과 노래 세계동화명곡 묶음	
	언젠가 꿈속에서	경음악

	경음악과 노래 세계동화명곡 묶음	
	언젠가 꿈속에서	경음악
	곰아저씨 푸	여성 독창
	비비디바비디부	합창
	미키마우스 행진곡	합창
	꿈은 마음속으로 바라는 것	허밍
	미인과 야수	경음악
	언젠가는 나의 왕자님이 찾아오리	경음악
	백설공주와 일곱난장이	합창
	백조의 호수	경음악
	세상은 좁아	합창
	집시의 노래	경음악
20	당을 노래하노라	여성 6중창
21	인민이 사랑하는 우리 령도자	여성 6중창(종곡)

■ 화려한 의상과 분장

전체적으로 몸매를 강조하기 위해 노출이 많은 스판 소재 원피스를 많이 착용한다. 의상 콘셉트는 가수, 현악기 연주자, 기타 악기 연주자로 나뉘어 있다. 가수는 곡목의 성격에 따라 한복, 스판 소재의 미니 원피스, 스판 소재의 튜브톱 롱 드레스, 폭이 넓은 미니 원피스 등을 차례로 착용한다. 화려함과 라인을 동시에 강조하기 위해 큐빅을 많이 사용했다. 그런데 형형색색의 의상이 화려하기는 하지만 전체적으로 통일성을 갖지 못해 공연의 성격에 비해 가벼운 느낌을 준다.

▲ 귀걸이, 목걸이, 팔찌는 크리스털로 장식하였으며, 아직 귀를 뚫는 것이 일반화되지 않아 클립형 귀걸이를 사용하고 있다

▲ 선우향희는 어깨와 허리에 큐빅 라인을 넣었다

현악기 연주자들은 무대 의상인 보라색 연주복과 스판 소재의 검정색 미니 원피스를 착용한다. 북한 가요 〈승리자들〉과 영화 〈록키〉 주제곡 사이에 막이 잠시 닫히는데, 그 짧은 순간 의상을 갈아입는 기지를 발휘한다. 현악기 연주자 4명을 제외한 나머지 연주자 6명의 의상은 시종일관 흰색 롱드레스를, 색소폰 연주자는 검정색 롱 드레스를 착용한다. 악장인 바이올리니스트 선우향희는 다른 연주자와 다르게 어깨와 허리에 큐빅이 들어간 라인을 넣어 차별화를 시도했다.

가수들의 헤어스타일은 대체로 가르마를 강조하여 뿌리에 볼륨을 넣어 넘긴 단정한 스타일로 왁스와 스프레이를 사용해 강하게 고정시켰다. 연주자들은 대체로 얇은 웨이브를 넣은 반 묶음 롱 펌 스타일이다.

귀걸이, 목걸이, 팔찌는 눈에 띄도록 반짝거리는 크리스털로 장식하였으며, 아직 귀를 뚫는 것이 일반화되지 않아 대부분 클립형 귀걸이를 사용하고 있다.

분장(메이크업)은 색감은 강하고 피부는 윤광으로 표현하였다. 눈, 볼, 입술을 같은 색상으로 통일하였다.

여성만으로 구성된 악단의 특성상 여성의 성적 매력을 강조하기 위해 의상은 미니 혹은 튜브톱으로 다리나 어깨 노출을 많이 하였으며 액세서리와 분장은 이전의 북한 공연에 비해 매우 화려하다. 의상이 이전의 북한 가수들과 차이가 있다는 데 대해 다른 견해도 있다. 이름을 밝히길 거부하는 북한국립교향악단 출신 탈북자는 북한의 예술인들은 '공개적인 활동'과 '비공객적인 활동'이 있으며, 주요 인사들만 참석하는 비공개적 공연장에서는 이미 노출이 심하고 화려한 의상을 착용하고 있다고 증언한다. 모란봉 악단 공연은 이러한 비공개적 활동이 공개적인 공간으로 확장된 것으로 권력 상층부 사이에서는 이미 익숙한 문화라고 한다.

"음악 예술을 사람들의 건전한 사상의식을 좀먹고 마비시키는 도구로 전락시켜 이색적이며 부르죠아적인 사상문화를 우리 내부에 퍼뜨리는 제국주의자들의 비렬한 책동에 맞서야 한다"[16] 라고 강조하지만, 지속적인 경건함과 엄숙함에서 야기된 주민들의 피로와 권태감을 해소하기 위해서는 부득이 부르주아적 대중문화를 도입하지 않을 수 없는 집권층의 고민을 보여준다.

■ 코러스 안무

가수들의 안무는 활기차고 일사불란하지만 동작이 단조롭고 난이도가 높지 않은 '코러스 안무' 수준이다. 가사에 따라 표정과 몸짓을 통해 감정을 충실히 묘사하려고 하며, 지도자와 당, 국가에 대한 가사가 나올 때는 최대한 감사의 표시를 하기 위해 노력한다.

▲ 활기차고 일사불란하지만 동작이 단조롭고, 난이도가 높지 않은 가수들의 코러스 안무 / 화려한 스판 소재의 의상을 착용했다

■ 획기적이긴 하나 조화롭지 못한 무대장치

만수대예술극장의 기존 무대를 활용하여 특별히 추가 장치를 하지 않았다. 기존의 북한 공연과 다르게 무대 뒤에 아홉 개로 나뉜 대형 LED 디스플레이(전광판)를 사용하여 가요와 경음악 내용과 관련된 영상을 보여준다. 전광판을 분리하여 설치하는 이유는 무대의 스케일을 크게 보이도록 하기 위한 것이다.

▲ LED 디스플레이어와 함께 갈라진 노동당기

그런데 전체를 연결하는 하나의 큰 전광판을 설치할 수 있지만 굳이 분리한 이유가 비용 때문인지 기술적 한계 때문인지 명확하지 않다. 그런데 LED 전광판은 연결만 하면 얼마든지 확대할 수 있기 때문에 기술적인 한계는 없을 것이다. 한국에서는 방송사조차도 공연상 필요한 전광판은 모두 임대해서 쓴다. 가끔 사용하는 전광판을 구입해서 쓰기에는 너무 비용이 많이 들기 때문이다. 그런데 평양에 전광판을 설치하기 위해서는 중국 업체로부터 수송을 해 와야 한다. 먼 거리 탓에 수송비가 많이 들었을 것이고, 이런 비용 문제가 연결된 전광판의 사용에 장애가 되었을 것으로 추정된다. 같은 사이즈의 전광판이어도 거리가 멀면 수송상의 어려움, 임대 기간의 증가로 비용이 훨씬 많이 들기 때문이다.

하여튼 국가 지도자의 영상이나 국기 등은 분리해서는 안 된다는 원칙을 깨뜨리고 〈당을 노래하노라〉 공연 도중 노동당의 상징물인 낫, 망치, 붓을 삼등분하여 내보내는 파격을 감행한다. LED 전광판은 18mm 내외(전광판 dot 즉 '구'의 간격)로 남한에서 2000년대 중반에 주로 사용하던 제품으로 선명도가 다소 떨어진다. 주로 중국의 지방방송사나 공연단이 사용하는 제품으로 보인다.

관객의 이해를 돕기 위해 무대 위에 노래 제목과 가사를 소개하는 별도의 전광판(prompter)이 설치되어 있다. 가사 전달을 중시하는 북한 공연의 특징을 엿볼 수 있다.

무대조명은 무대 위를 시각적으로 완성시키는 역할을 한다. 공연의 내용에 맞추어 극적인 분위기를 창출해야 하면서, 무대 전체의 균형이 흐트러지지 않도록 해야 한다. 〈시범 공연〉은 너무 화려하고 극적인 상황을 만들려는 의욕이 강한 나머지 음악이 끝나거나 바뀌지 않은 상황에서도 '남색과 노랑' 같은 보색 조명을 남발하여 전체적으로 부자연스러운 색상을 만들어 낸다.

무대 공연에서는 통상적으로 '주 조명'은 가수에게, '부조명'은 연주자에게 맞춘다. 주 조명은 태양광과 흡사한 5,600K의 색온도를 보여주는 HMI조명을 사용하고 부조명은 3200K의 색온도인 텅스텐 할로겐을 사용한다. 즉 기준이 된 무대 앞쪽의 가수 밝게 비추고 무대 뒤쪽의 연주자는 다소 어둡게 비추어야 무대의 깊이도 있어 보이고 전체적으로 안정감이 든다. 그런데 이번 공연은 색온도 기준을 뒤쪽의 연주자로 설정하여 무대의 깊이와 안정감이 부족하고 가수들의 인상이 자연스럽지 못한 문제가 발생했다.

1·2부가 끝날 때 효과 소품인 '불꽃(전문용어로 mine)'이 사용되고, 2부 끝날 때 '종이 축포'가 날리는 것은 이색적이다.

▲ 남색과 노랑 같은 보색조명을 남발하여 전체적으로 부자연스러운 색상을 만들어 낸 무대조명

■ 세련된 카메라 연출과 오디오(음향)

카메라는 총 8대를 사용했다. 우선 객석 좌우와 중간에 3대의[17) EFP 카메라를 두고 있고, 객석 좌측에 1대의 지미집 카메라를 설치했

다. 무대 뒤편 좌우에 2대의 EFP 카메라를 두고 있다. 2층 객석과 3층 객석에 각각 1대씩의[18] ENG 카메라를 두고 있다. 특이한 점은 남한의 공연 제작에 주로 쓰이는 스탠더드(STANDARD) 카메라를 사용하고 있지 않다는 점이다. 스탠더드 카메라는 원래 스튜디오에서 사용하는 카메라로 EFP나 ENG에 비해서 훨씬 안정되고 선명한 영상을 얻을 수 있어서 외부 공연 제작에도 널리 활용된다. 남한 방송사들의 스튜디오 나 중계차는 스탠더드 카메라를 중심으로, EFP와 ENG를 보조로 활용한다. 그러나 스탠더드 카메라는 기동성이 떨어지고, 비용이 비싸다 는 단점이 있다. 모란봉 악단의 공연에 ENG와 EFP가 사용된 것은 일차적으로는 기동성과 비용 문제로 보인다. 아울러 아직 HD급 영상이 필요하지 않은 북한 방송의 실정상 굳이 고화질로 촬영을 해야 할 이유가 없기 때문이기도 할 것이다.

가사, 리듬, 악기 연주에 적절한 샷(shot)으로 영상을 구성하고 리듬과 악기에 따라 컷(cut)을 변환하는 속도가 빠르다. 손, 발, 악기 등의 타이트 샷과 빠른 장면전환은 리허설이 충분히 되었다는 증거이다. 영상의 속도감을 높이고 공간 이동이 자유로워 공연에 필수적인 지미집 카메라는 사용하지 않고 있다. 무대 공간이 협소하기 때문으로 보인다.

오디오 장비는 최고급 제품을 쓰고 있다. 가수들은 남한 공연과 마찬가지로 독일의 젠하이저(Sennheiser) 무선마이크를 사용하고 연주자 들은 주변 소음 제거가 탁월한 독일의 숍스(Schoeps) 스탠드 마이크를 사용한다.

■ 확인되지 않는 관객의 태도

시범 공연인 관계로 관객의 진솔한 반응을 확인할 수 있는 장면은 보이지 않는다. 김정은 제1위원장이 입장할 때와 퇴장할 때 기립박수를 하지만, 공연 도중의 반응은 확인할 수 없다. 그런데 시범 공연에서 눈에 띄는 것은 악장인 선우향희의 부각이다. 첫 곡인 〈아리랑〉 연주 등 주요 음악이 시작될 때마다 선우향희를 원샷(one shot)으로 비추고 의상도 다른 연주자와 차별화되어 있다. 탁월한 연주 솜씨와 악장이라는 악단 내의 위상을 고려한 것으로 보인다. 공연이 끝난 뒤 김정은 제1위원장이 "모란봉 악단의 연주가들과 가수들이 모두 전도가 양양하다"라고 하시면서 "악장인 선우향희동무가 정말 잘한다고 치하하시였다"[19]라며 선우향희를 직접 거론하며 칭찬했다.

2013년 1월 1일 신년 경축 공연 "당을 따라 끝까지"

■ 자신감 충만한 새해맞이 공연

2013년 1월 1일 0시에 류경정주영체육관에서 진행된 〈신년 경축 공연〉은 첫째, 무대 위에 '은하 3호'와 '은하 9호'의 모형이 세워지고 화면에 '〈광명성 3호〉 2호기'의 발사장면이 무대 뒤의 디스플레이 화면에 등장한다는 점이 두드러진 특징이다. '〈광명성 3호〉 2호기'는 북한 측 발표로는 자원 탐사와 기상예보에 필요한 '자료수집용' 인공위성이다. 조선중앙TV은 '5천 년 민족사의 특대 사변이며 백두산 대국의 무지 막강한 국력을 온 세계에 과시한 대경사'[20]라고 격찬하고, 로동신문은 '우리나라가 과학기술 강국, 우주 강국의 위용을 힘 있게 떨친 것은 불굴의 의지로 위대한 장군님의 유훈을 관철하신 경애하는 김정은 동지의 결단과 애국 헌신이 안아온 빛나는 결실'[21]이라며 김정은 제1위원장의 업적을 강조한다. 나라 안팎에서 제기된 새로운 지도자의 통치 능력에 대한 의구심을 불식하고 과학기술의 성과를 바탕으로 경제 강국 건설을 달성하겠다는 의지를 표현하고 있다.

무대 좌우에 배치된 '은하 3호'와 '은하 9호'는 위성 발사용 우주 발사체 즉 '위성운반로켓'이다. '은하 3호'는 〈광명성 3호〉 2호기'를 운반한 로켓이며, '은하 9호'는 향후 훨씬 덩치가 큰 인공위성을 운반할 로켓으로 북한의 원대한 우주 정복 구상을 상징한다고 한다. 〈신년 경축 공연-당을 따라 끝까지〉는 은하 4호, 5호, 6호, 7호, 8호, 9호 로켓의 순차적인 발사를 통해 새로운 과학기술과 우주 강국의 꿈을 이루겠다는 의지를 표현한 공연이다.

두 번째 특징은 공연 연출의 파격성이다. 곡목 선정, 가수와 연주자의 의상, 훨씬 자유로워진 무대 매너, 속도가 빨라진 카메라워크, 다양한 특수 효과, 관객의 적극적인 호응 등 이전 공연에서 볼 수 없었던 새로운 공연 문화가 〈신년 경축 공연〉에서 다양하게 나타나고 있다. 그 파격성은 각 부문별로 진행된 것이 아니라 공연 기획자의 의도에 따라 종합적이고 유기적으로 진행된 것으로 보인다.

〈신년 경축 공연〉을 한 단어로 요약하면 '자신감'이다. 〈광명성 3호〉 2호기'의 발사성공으로 형성된 우주 정복의 긍지와 자부심을 바탕으로 대규모 체육관에서 자유롭고 다채로운 공연을 진행한 것이다.

■ 웅대한 공연장 분위기

로동신문은 "새해를 맞이하는 조국 땅 방방곡곡에 위대한 당을 따라 태양의 위업을 천만년 받들어갈 천만군민의 앙양된 열의와 신념의 맹세가 활화산처럼 분출되는 속에 모란봉 악단 〈신년 경축 공연 – 당을 따라 끝까지〉가 혁명의 수도 평양에서 성대히 진행되었다"[22] 라고 공연

장의 분위기를 묘사한다.

김정은 제1위원장과 부인 리설주가 등장하자 관객들은 1분가량 기립박수와 만세로 환호한다. 역시 북한의 당정군의 최고 권력자들인 김영남, 최영림, 최룡해, 장성택, 현영철, 김격식, 김기남, 최태복, 양형섭, 강석주 등이 모두 참석했다.

로동신문은 "우주를 정복한 그 정신, 그 기백으로 21세기의 새로운 문명개화기를 열어나가는 인민의 긍지와 자부심, 우리 식으로 이 땅 우에 온 세계가 우러러보는 천하제일강국, 인민의 락원을 보란 듯이 일떠세울 애국의 의지가 장내에 세차게 굽이쳤다"[23]라고 묘사했다.

▲ 웅장한 분위기의 신년 경축 공연

공연장은 '류경정주영체육관'이다. 공연장의 좌석을 모두 채우면 12,000명 정도가 앉을 수 있다. 체육관 한 면에 무대를 설치하더라도 바닥에 좌석을 배치하면 1만 명을 훨씬 넘는 인원의 수용이 가능하다.

대형 공연장은 규모 그 자체로 웅장한 분위기가 연출된다. 신년 0시의 엄숙함에 더해 정주영체육관은 무대와 객석의 구분이 없는 하나의 장엄한 역사적인 공연 공간이 될 수밖에 없었다.

▨ 자신감 충만한 선곡

〈신년 경축 공연〉의 가장 인상적인 레퍼토리는 경음악과 노래 〈설눈아 내려라〉, 경음악 〈단숨에〉, 〈경음악과 노래련곡(메들리) 세계 명곡 묶음〉이다. 7분 30초 길이의 〈설눈아 내려라〉는 전반부의 경쾌한 경음악과 후반부의 노래로 엮어졌다. 경음악 연주 때 관객 박수로 박자를 유도하였고, 선우향희가 드럼 연주자를 손으로 가리키자 타이밍에 맞춰 연주를 시작하는 파격적인 무대 매너를 선보였다. 새로운 편곡에 따라 전기기타, 색소폰, 어쿠스틱 피아노가 어우러져 재즈식 연주를 한다. 카메라맨이 ENG카메라의 각도를 비틀어 재즈풍의 일탈된 분위기를 연출하고 있다.

6분 30초 길이의 경음악 〈단숨에〉는 이번 공연의 클라이맥스이자 북한의 어떤 공연에서도 볼 수 없었던 경쾌하고 빠른 연주이다. 〈단숨에〉는 2009년 군인들이 주로 부르던 군가였으나 김정일의 지시에 의해 불굴의 정신력을 상징하는 시대어가 되었다.[24] 김정은 제1위원장은 2012년 신년사에서 '강성 국가 건설을 위해 〈단숨에〉구호'를 제시한 바 있다.[25] 〈단숨에〉는 정치적 경륜이 짧은 김정은 제1위원장이 과학기술의 발전을 통해 짧은 시간 안에 강성국가를 건설하겠다는 의지를 표현한 것이다.

불꽃과 함께 경음악 연주가 시작되었으며, 디스플레이 화면에 김정은 제1위원장이 등장하자 박수 소리와 함께 환호가 터진다. 바이올린을

▲ 공연 도중 파격적으로, 드럼 연주자를 가리키며 관객의 시선을 유도하는 선우향희

▲ 악기의 연주에 맞춰 타이트한 샷을 보여주는 카메라의 워킹은 이전에 없던 예술적 연출이다

비롯한 현악기 연주자들이 원형으로 돌출된 무대 전면으로 걸어 나와 관객의 호응을 유도하고, 한복을 입은 여성 관객을 비롯한 다수의 관객들이 객석 앞에서 춤을 춘다. 춤사위는 이전 북에서 볼 수 없었던 재즈풍이다. LED전광판에 '은하3호'의 발사 장면이 반복해서 플레이되자 관객들의 감정은 최고조에 달한다. 〈광명성 3호〉 2호기' 발사 성공을 바탕으로 한 '단숨에 해제끼자'는 김정은 제1위원장의 구호가 관객들에게 효과적으로 전달되는 모습이다.

〈경음악과 노래련곡 세계 명곡 묶음〉은 15분 30초가량 쉴 새 없이 연주와 노래가 이어져 분위기를 고조시킨다. 북한 가요 〈세상에 부럼 없어라〉를 맨 앞과 맨 뒤에 배치하고 합창 〈조국을 노래하네〉와 합창 〈사회주의 좋다〉를 중간에 배치한 것은 '막나간다'는 우려를 불식시키려고 한 것으로 보인다. 공연의 총괄 기획자는 혁명적인 창조 기풍으로 예술 창조에서 커다란 성과를 이룩하려는 열망이 강렬함에도 불구하고 언제 불어닥칠지 모를 역풍을 항상 대비하고 있음을 알 수 있다.

〈런던데리의 노래(Oh Denny Boy)〉, 〈라데츠키 행진곡〉, 〈푸니꿀리 푸니꿀라〉 등은 북한에서 널리 알려진 음악이지만 〈아이가 태어났을 때(when a child was born)〉, 〈사랑은 푸르다(love is blue)〉, 우리에겐 〈고엽〉으로 알려진 샹송가수 이브 몽땅의 〈락엽〉 등은 생소한 음악으로 보인다. 〈2013년 신년음악회〉를 개최하는 '광명성 3호' 2호기'의 성공적 발사로 인한 자신감이 선곡의 영역을 넓히는 동기로 작용한 것으로 볼 수 있다.

[표2] 〈신년 경축 공연〉의 곡목

순서	곡목	비고
1	애국가	
2	빛나는 조국	여성중창
3	설눈아 내려라	경음악과 노래
4	경음악과 노래련곡	
	장군님을 우러러 부르는 노래	
	김정일동지께 드리는 노래	
	장군님은 빨치산의 아들	
	매혹과 흠모	
	김정일화	
	인민사랑의 노래	
	그이만을 생각하네	
	전선길에 눈이 내리네	
	말하라 선군길아	
	장군님 축지법을 쓰신다	
	조선의 힘	
5	단숨에	경음악
6	불타는 삶을 우린 사랑해	여성독창
7	노들강변	여성 3중창(김설미, 리명희, 김유경)
8	경음악과 노래련곡	
	세상에 부럼 없어라	
	아이가 태어났을 때	
	사랑은 푸르다	
	뛰르끼예행진곡	
	정의의 싸움	

		모스크바의 노래	
		푸른수건	
		카프리섬	
		락엽	
		처녀의 기도	
		북풍이 불어온다	
		조국을 노래하네	
		사회주의 좋다	
		런던데리의 노래	아! 목동아
		로미오와 줄리에따	
		띠꼬띠꼬	
		스케이트 타는 사람들의 왈츠	
		라 꿈바르시따	
		라데츠키 행진곡	
		푸니쿨리 푸니쿨라	
		세상에 부럼없어라	
9	백두와 한나는 내 조국	여성중창	
10	우리의 소원은 통일	여성중창	
11	통일 6.15	여성중창	

■ 안정된 의상, 깔끔해진 분장

〈신년 경축 공연〉의 의상은 가수가 롱 드레스, 연주자가 미니 드레스로 치마 길이의 차이가 있을 뿐, 가수나 연주자 모두 검정색 원피스로 통일되어 있다. 그리고 〈시범 공연〉에서 형형색색의 원피스, 혹은 한복으로 의상 변화를 준 것이 오히려 세련미를 떨어뜨린 것에 비해서 이번

공연에서는 같은 색으로 통일해 시각적으로 훨씬 안정감을 준다. 단조
로움을 피하기 위해서 오른쪽 어깨에 큰 코사지 장식을 하였다. 드레스
에는 화려함과 몸매 라인을 강조하기 위해 큐빅 장식을 많이 사용하였
다. 허리를 강조하기 위해 두껍고 신축성 있는 고무 밴드 소재의 벨트
를 착용하였다. 신발은 하이힐 스타일의 샌들로 가죽 제품. 역시 현대
적이긴 하지만 최신 트렌드는 아니며 우리나라에서 2000년대 중반에
유행했던 스타일이다.

▲ 같은 색으로 통일해 시각적으로 훨씬 안정감을 준 〈신년 경축 공연〉 의상

〈시범 공연〉에 비해 쇼트커트 헤어스타일이 많이 늘었으며, 가르마를
강조하여 뿌리에 볼륨을 넣어 넘긴 단정한 인상을 준다. 왁스와 스프레
이를 많이 사용하여 스타일을 고정시켰다. 긴 머리는 주로 얇은 웨이브
를 넣은 반 묶음으로 앞머리를 넘겨 깔끔한 인상을 준다. 머리 길이를
다르게 하여 자연스러움을 표현하는 남한과 차이가 있으며, 중국의 중
년 여성 사이에 유행하는 스타일이다.

장신구는 큐빅과 모조 크리스털로 장식된 화려한 제품으로 모조품으로 보인다. 역시 귀를 뚫지 않고 클립형으로 된 귀걸이를 많이 사용했다.

분장(메이크업)도 시범 공연과 마찬가지로 색감을 강하게 사용하고 피부는 윤광으로 표현하였다. 눈, 볼, 입술을 같은 색상으로 통일하였다.

■ <가요무대>식 안무

일반적인 안무는 〈시범 공연〉과 마찬가지로 활기차고 일사불란하지만 동작이 단조롭고 난이도가 높지 않은 '코러스 안무' 수준이다. 역시 가사에 따라 표정과 몸짓을 통해 감정을 충실히 묘사하려고 하며, 〈인민은 일편단심〉과 같은 지도자와 당, 국가에 대한 가사가 나올 때는 최대한의 감사의 표시를 하기 위해 노력한다. 외국 경음악인 〈카프리섬〉 부분에서 연주자들이 어깨춤을 추는 독특한 안무를 선보인다. 전체적으로 남한 프로그램인 KBS의 〈가요무대〉와 유사한 인상을 준다.

■ 체육관식 공연

〈신년 경축 공연〉의 가장 큰 특징이 바로 '체육관식 공연'이다. 그동안 북한에서는 모란봉 악단뿐 아니라 은하수악단 공연[26]에서 종종 '체육관 공연'을 진행해 왔다. 모란봉 악단의 2012년 7월 27일 〈전승절 경축 공연〉, 2012년 10월 10일 〈조선로동당 창건 67돐 경축 공연〉, 2012년 10월 29일 〈김일성군사종합대학 창립 60돐 기념 공연〉 등 3차례와 은하수악단의 2012년 6월의 〈조선소년단 창립 66돐 경축공연〉 등이 체육관에서 진행되었다.

평양에는 봉화예술극장, 동평양대극장, 만수대예술극장 등

▲ 시범 공연에 비해 쇼트커트 헤어스타일이 많이 늘었으며, 가르마를 강조하고
뿌리에 볼륨을 넣어 넘겨 단정한 인상을 준다

▲ 메이크업은 색감을 강하게 사용하고 피부는 윤광으로 표현하였다. 눈, 볼, 입술을
같은 색상으로 통일하였다

1,000~4,000석 규모의 좌석을 갖춘 대형 공연장이 여러 개 있다. 4.25 문화회관은 총 6,000명까지 수용할 수 있다고 한다. 국가적 규모의 공연을 상시로 개최하는 대형 공연장은 때로는 정치적 선전물로도 활용되며, 남한 방송사의 방북대중공연은 주로 이곳에서 열린다. 2003년 10월 SBS가 〈류경정주영체육관 개관 기념 공연〉을 바로 이곳 '류경정주영체육관'에서 진행하려고 하자, 북한의 대남교류기관인 조선아시아태평양평화위원회는 평양의 다른 대형공연장들을 강력히 추천했다. 스포츠 경기가 아닌 음악 공연을 체육관에서 여는 것은 이치에 맞지 않는다는 원론적 이유였다. 2년 뒤인 2005년 〈조용필 평양 공연〉 당시에도 북한 측은 같은 주장을 반복했다. 2004년 7월부터 일 년 가까이 끌어온 조용필 공연은 마지막에 공연 장소 선정 문제로 무산 위기까지 갔으나, 북한의 최고위층의 결단으로 체육관에서 가까스로 개최된 적이 있다.

그런데 체육관 공연을 극구 반대하던 북한 측은 이제 체육관에서 대규모 공연을 공공연하게 진행하고 있다. 그것도 남한 측이 공연을 개최했던 '류경정주영체육관'에서 남한이 진행했던 공연과 유사한 방식을 따르고 있다. 뒤에 다시 이야기하겠으나 이런 '체육관식 공연'은 남북 대중문화 교류의 효과이자 소중한 성과물이기도 하다.

체육관 공연의 장점은 모란봉 악단이 2012년 10월 10일 류경정주영체육관에서 진행한 〈조선로동당 창건 67돐 경축 공연〉에 대한 로동신문의 평론기사에서 읽을 수 있다.

"예술 공연의 내용과 형식에서 또 한 걸음 크게 전진하였다. 수백 명 정도가 아니라 만여 명의 관중이 꽉 들어찬 거대한 실내 관람석을 불과 10여 명의 출연자들이 통째로 휘어잡고 설레게 하는 그 울림이 참으로 놀랍다."

▲ 12,300석의 좌석이 마련된 류경정주영체육관은 북한 체육관 공연의 메카로 자리 잡았다. 사진은 2003년 SBS의 류경정주영체육관 개관 기념 공연 장면

▲ 류경정주영체육관에서 진행된 웅대한 규모의 2013년 신년 경축 공연

"이전과는 달리 무대를 관람자들 속으로 깊숙이 배치하여 배우들과 관람자들의 교감의 친밀감을 보장한 것은 새로운 면모였다."

"록음과 조명, 분수, 배경화면으로 예술적 조화를 립체적으로 잘 이룬 무대형상요소들도 이채로왔다."

체육관 공연의 장점은 첫째, 한꺼번에 많은 관객을 수용할 수 있어서 대규모 공연이 가능하다는 점이다. 특히 대중가수의 상업적 공연이 유행하면서 계절이나 날씨에 상관없이 공연 개최가 가능한 체육관은 공연장으로 크게 각광을 받고 있다. 로동신문의 지적대로 만여 명의 관객을 한꺼번에 동원할 수 있는 류경정주영체육관이 북한에서도 새로운 공연 명소로 등장했다.

둘째로 체육관 공연의 장점은 무대를 관객 가까이 밀착시켜 가수 혹은 연주자와 관객의 친밀감을 높일 수 있다는 것이다. 상황에 따라서는 객석 안으로 '런어웨이 무대(객석 안으로 돌출되게 설치한 무대)'를 세울 수 있어서 관객과의 일체감을 높이는 데 매우 효과적이다. 따라서 〈신년 경축 공연〉이 '배우들과 관람자들의 교감의 친밀감을 보장'했다는 로동신문의 지적은 매우 적절하다.

셋째로 체육관 공연은 무대를 입체적으로 세울 수 있어서 연출자의 연출 의도를 충분히 표현할 수 있다. 일반 극장식 공연장은 일자(一字)식 공연 무대이기 때문에 무대 장식에 한계가 있다. 그러나 극장식 공연장은 최소한 3면을 활용할 수 있는 공간이 생긴다. 따라서 규격화된 무대가 아니라 연출자의 의도에 따라서 다양한 형상의 무대를 설치하여 관객의 호응을 이끌어낸다. '립체적으로 잘 이룬 무대형상요소들도 이채로왔다'라는 로동신문의 평가는 체육관 공연의 장점을 제대로 파악했기 때문에 가능하다.

무대의 바닥은 남한의 공연에서 주로 사용하는 강화유리 소재이며 가장자리에 LED바를 연결하였다. 무대 배경에는 〈시범 공연〉과는 달리 무대 중앙에 대략 4.5m×8m의 대형 전광판을 세우고, 좌우에 긴 띠 모양의 디스플레이를 아래위로 추가로 설치하여 스케일이 크게 보이도록 했다. 중앙의 전광판은 11mm의 LED 전광판을 사용하였고 좌우의 전광판은 18mm의 LED전광판을 사용하여 남한의 공연에서 사용하는 전광판에 비해 해상도는 많이 떨어진다.

▲ 가수가 무대 앞으로 나와 관람자와 친밀감을 높인 것은 이전에 없던 연출 방식이다

■ 밸런스가 무너진 조명
조명은 〈시범 공연〉과 마찬가지로 HMI조명과 할로겐조명을 동시에 사용하였다. 색온도의 설정 중심은 앞쪽에 있는 가수들에게 맞추어 무대의 원근감을 살리는 것이 일반적이다. 그런데 〈신년 경축 공연〉에서

도 어떤 이유에서인지 중심을 연주자들에게 맞추어 무대의 원근감을 살리지 못했으며, HMI조명과 할로겐조명이 서로 뒤섞여 출연자들의 피부 색상을 살리지 못했다.

주조명을 연주자들에게 의도적으로 맞추다 보니 전체적인 밸런스가 흐트러졌다는 추측도 가능하다. 모란봉 악단의 공연을 분석하면 가수와 악단이 대등하거나 오히려 악단의 비중이 더 크다. 이점은 단순히 가요 반주를 하는 남한이나 서방의 악단과는 성격이 많이 다르다. 모란봉 악단의 연주자들은 별개의 독립된 악단이 가수들과 '협연'을 하는 형태로 볼 수 있다. 그리고 경음악 연주가 공연 도중 가수들을 잠시 쉬게 하기 위한 역할이 아니라 그 자체가 중요한 비중을 차지하는 공연이다. 때로는 가수들의 노래는 부차적이고 경음악연주가 중심이라는 인상을 받기도 한다. 이런 이유로 연주자들에게 연출의 초점을 맞추다 보니, 더 밝은 조명을 사용한 것이 아닌가 하는 추측을 할 수 있다.

북한의 실내 공연에서는 mine(마인-불꽃)이나 불기둥 혹은 종이 축

▲ 신년 경축 공연에는 마인(불꽃)이 자주 사용된다

포를 사용하지 않았다. 최초의 mine 사용은 2003년 〈류경정주영체육관 개관 기념 공연〉이었다. 당시 남한 가수 〈신화〉의 노래 도중 불꽃이 갑자기 피어오르자 관객들이 놀라서 혼비백산한 일이 있었다. 2005년 〈조용필 평양 공연〉에서는 불꽃으로 인한 해프닝이 벌어졌다. 북한 측 관리들이 아예 불꽃 재료를 공연 직전에 강제로 수거해 갔다. 김정일 위원장 등 당시 실세들이 공연에 참석하기 위해 경호 차원에서 화약류를 제거한 것으로 보인다. 제작진의 강력한 항의가 있었지만, 북한 측 관리들은 실내 공연장에 '화약류'를 반입하는 것에 강한 거부감을 보였다. 그런데 지난 〈시범 공연〉에서는 간간이 불꽃 효과를 사용하다가 〈신년 경축 공연〉에서는 여러 차례 사용을 했다. 관객들도 더 이상 놀라지 않고 환호와 박수로 즐거워한다.

공연의 마지막에 주로 뿌려지는 '종이 축포'는 2005년 〈조용필 평양 공연〉에서 처음 사용되었다. 조용필의 엔딩곡인 〈꿈의 아리랑〉이 끝날 무렵 '종이 축포'가 무대 좌우에서 발사되자 관객들이 신기해하고 떨어지는 종이를 손으로 받기도 했다. 한국과 일본의 공연 스타일을 수입한 중국의 장비가 다시 북한으로 전달된 것으로 보인다.

■ **과감한 카메라 연출**

카메라의 움직임이 2012년의 〈시범 공연〉에 비해 무척 세련되고 과감해졌다. 퀵 줌, 타이트 샷, 카메라 앵글을 비튼 샷 등 이전에 볼 수 없었던 과감한 촬영이 시도되었다. 리듬에 맞추어 악기 연주 장면을 놓치지 않고 촬영한 것으로 보아 공연 전 완벽한 리허설을 거쳤으며, 카메라 감독들이 상당량의 콘티북을 참고하면서 녹화를 진행한 것으로 보인다.

▲ 단지 소품으로 헤드셋을 착용한 반주자. 그 뒤로 EFP로 촬영하는 카메라맨이 포착되었다

▲ 드럼 세트는 센서마이크를 사용하여 샘플러 출력을 이용한다

카메라는 무대 좌우에 EFP 2대(normal lens, 사이드 샷 및 관객용), 무대 뒤 우측에 EFP 1대(wide lens, 관객반응), 객석 중앙에 EFP 2대(망원, normal lens, 출연자 원 샷 및 그룹 샷), 객석 좌우에 ENG 2대(normal lens, 편집용), 객석 좌측에 지미집(jimmy jib) 1대(wide lense), 객석 2층 우측에 ENG 1대(normal lens, 저급한 장비로 출연자 그룹 샷 및 관객 반응), 객석 3층 중앙에 ENG 1대(normal lens, 오프닝 및 클로징, 풀 샷)등 EFP 6대, ENG 4대 등 모두 10대의 카메라를 투입했다. 남한의 대형 공연과 비슷하거나 조금 적은 수의 카메라를 사용하고 있다.

특이한 것은 지미집 카메라의 능숙한 사용이다. 지미집(jimmy jib) 카메라란 크레인과 같은 구조의 막대 끝에 카메라를 단 것으로 넓은 공간을 장애 없이 움직일 수 있어서 생동감과 입체감을 중시하는 공연과 스포츠 중계에 필수적이다. 지미집 카메라는 2002년 8월 KBS의 〈평양 노래자랑〉 공연, 2003년 SBS의 〈류경정주영체육관 개관 기념 남북 농구 대회와 공연〉에 처음 소개되었다. 당시 낯선 장비에 대해 관심이 많았던 북한 측 관계자들의 적극적인 요청으로 공연 직후 조선중앙TV에 인도되었다.

한편 방송용 영상은 적어도 2회 이상 촬영하고 ENG 영상을 인서트로 활용하여 편집에 상당한 공을 들인 것으로 보인다. 하지만 라데츠키 행진곡 연주 중 줌아웃 과정에서 보이는 미스 커팅(miss cutting)은 옥의 티로서 아직 빠른 공연연출에 익숙하지 않음을 보여준다.

■ 적절한 오디오(음향)

가수들의 무선 핸드마이크(Hand mike)와 연주자들의 무선 헤드셋 마이크(Headset mike)는 Shure사 제품으로 국내공연에 사용하는 제품과 동일하다. 무선헤드셋 마이크는 〈은하수관현악단〉의 공연에서도 자주 등장하는데, 2003년 〈류경정주영체육관 개관 기념 공연〉에서 남한 가수 〈신화〉가 북한에 처음 선보였다. 한편 현악기는 무선마이크 송신기, 색소폰은 클립 타입의 마이크를 달았다. 어쿠스틱 피아노는 스탠드 마이크, 키보드는 라인 아웃 케이블을 연결했다. 드럼 세트는 센서마이크를 사용하여 샘플러(각 드럼의 소리가 디지털화되어 있어서 센서마이크에서 크기만을 받아서 원하는 타입의 소리를 출력시키는 장비) 출력을 이용한다. 연주자가 곡에 따라 샘플러를 조작하여 적절한 오디오를 내보낸다.

전기기타 소리와 색소폰 소리가 상대적으로 적게 들리지만 연주자들이 연주하는 각각의 악기 소리는 대체로 밸런스가 잘 맞는 편이다. 가수들의 오디오는 잔향 효과가 많아 깔끔하게 들리지는 않는다. 하지만 연주음과는 믹싱이 잘 되어 자연스럽다. 박수나 환호 등 객석의 반응은 타이밍에 맞게 적절히 들어가 있으나, 녹화 후에 따로 편집한 것으로 보인다. 전체적으로 오디오의 품질은 완벽하지는 않지만 대체로 무난하다.

사실 체육관 공연의 가장 큰 난제는 오디오 조절이다. 체육관 자체가 공연시설이 아니므로 반사와 흡음을 적절히 제어하기가 어려워, 필연적으로 음향의 왜곡과 장애가 발생한다. 관객이 객석을 완전히 채울 경우 일정량의 반사음은 흡수가 되지만 그 한계는 분명하다. 그럼에도 불구하고 큰 무리 없이 오디오를 이끌어낸 것은 리허설이 그만큼 충분했다는 증거이다.

■ 적극적인 관객

이번 〈신년 경축 공연〉이 이전 공연과 다르게 가장 눈에 띄는 것은 관객들의 반응이다. 원래 북한에서는 공연 관람 시 사회주의 '관람 예절'을 지키게 되어있다. 공연에 방해가 되지 않도록 하기 위해서 연주나 노래 도중에 박수를 치거나 환호를 할 수 없으며, 더욱이 노래를 따라 부르거나 일어나 춤을 출 수도 없다. 박수는 곡이 끝난 다음에 치는 것이 예의이다. 고위층이 참석하는 경우는 실수가 없도록 여러 차례 사전 연습을 한다. 객석 좌우 혹은 출입구 쪽에 대기한 극장직원들이 대개 박수를 유도하거나 혹은 자제시킨다.

공연 도중 관객의 적극적인 반응은 '경음악과 노래 〈설눈아 내려라〉' 와 '경음악 〈단숨에〉' 등 두 곳에 집중되어 있다. 공연의 두 번째 곡목 〈설눈아 내려라〉는 따뜻한 동요풍의 음악으로 빠른 비트의 재즈로 편곡하여 자연스럽게 관객들의 박수를 유도한다. 또한 신서사이저, 일렉트릭 기타를 중심으로 색소폰, 어쿠스틱피아노, 드럼, 바이올린을 적절히 믹

▲ '단숨에' 연주에서 관객들의 감정은 최고조에 달했다

싱하여 기존의 북한음악과는 다른 새로운 스타일의 음악을 연주한다.

"설눈아 내려라, 어서야 내려라, 산에도 들에도 하얗게, 태양의 축복 받은 삼천리 강산에 어서야 펑펑 내려라……" 자극적이지는 않지만 희망적인 가사, 무대를 벗어나 관객들 바로 앞까지 내려온 가수들의 무대 매너에 객석의 열기는 빨리 오른다. 이미 일어서서 손을 머리 위 좌우로 흔드는 관객도 보인다.

노래가 끝나자 박수와 환호가 터져 나온다. 그리고 이어진 〈장군님을 우러러 부르는 노래〉, 〈김정일 동지께 드리는 노래〉, 〈장군님은 빨치산의 아들〉 등 엄숙하고 경건한 분위기의 노래에 조용히 방청을 하던 관객들은, 경쾌하고 빠른 경음악 〈단숨에〉의 연주와 함께 화면에 김정은 제1위원장이 등장하자 환호를 지르고 박수를 친다. 무대 가장자리의 불기둥과 함께 시작된 경음악〈단숨에〉는 처음부터 자극적이고 빠른 비트로 관객의 흥분을 고조시킨다. 선우향희(바이올린, 악장), 홍수경(바이올린), 차영미(바이올린), 유은정(첼로) 등 네 사람의 의상과 무대매너는 영국과 호주 출신 그룹 '본드걸'을 연상하게 한다.

은하 3호의 발사 장면에서는 모든 관객이 기립 박수를 한다. 연주자들이 무대 계단 중간까지 내려오자 앞자리의 여성 관객들은 일어나서 춤을 춘다. 맨 앞자리의 20대 여성관객은 아예 재즈풍의 춤을 추기도 한다. 이 장면이 이번 공연의 클라이맥스이다. 선우향희의 지휘로 〈단숨에〉의 앵콜 연주가 계속되자 매우 열광적으로 춤추는 맨 앞자리 여성들의 모습이 화면에 15초간 길게 비춰진다. 심지어는 무대와 객석 사이 빈 공간으로 나온 남녀 관객들은 이어진 노래인 〈노들강변〉에 맞추어 흥겹게 춤을 춘다. 비록 김정은 제1위원장의 영상이 화면에 나타날 때 관객들의 반응이 뜨겁긴 하지만, 과거 어느 공연보다도 관객들의 태도가 적극적이고 흥에 겨워있다.

　이런 분위기는 〈신년 경축 공연〉 자체의 상징적인 의미와 함께 공연 기획자나 연출자의 의도가 서로 맞물려 나타나는 현상이다. 이미 일정 정도 자유롭게 반응해도 좋다는 메시지가 관객들에게 전달되었으며, 미리 잘 짜여진 각본이 있어서 연출자가 관객들의 반응을 유도한 것으로 보인다. 객석 맨 앞자리 50석 정도는 한복과 양장을 한 20대 여성들이 차지하고 있는데, 이들이 공연 분위기를 리드하는 역할을 한다. 남한의 공연에서도 분위기를 띄우기 위해 맨 앞자리에 팬클럽 회원 등을 배치하기도 한다.

▲ 영국과 호주 출신 그룹 '본드걸'을 연상하게 한 선우향희등 4명의 현악 4중주

2014년 9월 신작 음악회

■ 민요와 병영 문화가 지배하는 경직성

2014년 9월 3일 만수대예술극장에서 개최된 〈신작 음악회〉에서는 최근 창작한 〈바다 만풍가〉, 〈세월이야 가보라지〉, 〈철령 아래 사과바다〉 등 민요풍 가요 3곡이 새로 선보였다. 김정은 제1위원장은 공연 관람 뒤 "우리 선율이 제일이고 우리 장단이 제일이라는 확고한 관점을 가지고 민요 창작에 힘을 넣으라"라고 지시했다. 김정은 제1위원장은 지난 5월 '제9차 전국예술인대회 참가자에게 보낸 서한'에서 "민족음악을 적극 장려하고 현대적 미감에 맞게 발전시켜 민족적 정서와 향취를 더해주는 수단이 되게 해야 한다."라고 지시했다. 이런 분위기를 반영하여 〈신작 음악회〉는 '민요 중심의 공연'을 진행했다.

두 번째 특징은 마치 군 위문 공연처럼 분위기가 경직되고 엄숙하다

▲ 거수경례와 의장대 복장의 신작 음악회. 마치 군위문 공연처럼 분위기가 경직되고 엄숙하다

는 데 있다. 민요 3곡을 제외한 모든 음악이 김정은 제1위원장에 대한 충성과 찬양, 당과 국가에 대한 충성, 인민군대의 용맹성 등을 노래한다. 출연자들의 복장이 모두 군복이며, 거수경례로 공연을 시작해서 거수경례로 공연을 끝낸다. 군복을 입은 탓에 화장이 옅어지고 액세서리는 최소한에 그친다. 관객들의 반응도 단조롭고 일사분란하다. 〈시범 공연〉과 〈신년 경축 음악회〉에서 보이던 제한적이나마 자유분방하고 흥겨운 모습은 사라지고 절제되고 경직된 분위기가 공연장을 지배한다.

　모란봉 악단의 이런 경직성은 2014년 공연부터 두드러져 보인다. 김정은 제1위원장은 '2014년 신년사'에서' 유일 영도체계 확립 및 사회 규율 강화'를 특별히 강조했다. 이것은2013년 12월 '장성택 사건' 이후 북한의 정치적 상황을 반영하는 것이며, 모란봉 악단의 경직적 분위기는 북한 사회 전체에 번진 이러한 긴장감과도 무관하지 않다. 2014년에 들어서 모란봉 악단의 복장은 군복으로 통일되어 있다. 가수나 연주자의 의상은 관객에게 공연의 의도를 알려주며, 노래나 연주의 의미를 더 적

▲ 관객들이 무표정하게 기계적으로 박수를 친 신작 공연

극적으로 전달하는 효과가 있다. 군복을 입은 가수와 연주자로부터 권위적이고 획일화된 메시지 외에 더 수용할 수 있는 내용은 없을 것이다.

물론 모란봉 악단의 공연 내용은 공연이 열리는 시점이나 취지에 따라 차이를 보인다. 2012년 〈시범 공연〉의 개방적 분위기가 그 직후 열린 〈전승절 경축 공연〉에서 다시 경직된 분위기로 변화되었으며, 2013년 〈신년 경축 음악회〉 이전까지 줄곧 출연자들이 군복을 입고 출연했다. 〈신년 경축 음악회〉 한차례 패셔너블한 의상과 분장을 선보이더니 그 이후부터 다시 군복을 입고 출연하고 있다. 따라서 모란봉 악단의 변화와 성장은 현재 진행형이며 향후 다시 어떤 모습으로 무대에 나타날지 섣불리 예단할 수 없다고 할 것이다.

■ 기계적으로 훈련된 관객

〈신작 음악회〉에는 김정은 제1위원장 부부가 참석했으나 화면에는 나타나지 않는다. 공연장은 시종일관 엄숙함이 흐른다. 관객들의 연령대는 〈신년 경축 공연〉에 비해서 높아졌으며, 군복을 입은 사람들이 상대적으로 많이 눈에 띈다. 곡의 성격 때문인지 관객들의 표정은 대체로 경직되어 있으며, 김일성 김정일 두 지도자의 동영상에 기계적으로 박수를 치거나 〈근위부대 자랑가〉에서 박자를 맞추는 것 이외에는 별다른 반응이 없다. 출연자가 관객의 반응을 유도하는 퍼포먼스가 눈에 띄지 않는다. 카메라도 관객의 표정을 잡거나 개별적인 모습을 비추는 경우도 거의 보이지 않는다.

■ 송가와 민요 중심의 선곡

이번 공연의 노래와 연주는 김정은 제1위원장, 당, 국가를 찬양하는 송가풍의 노래와 연주(인민은 부르네 친근한 그 이름, 그리움의 하얀 쪽배, 내 심장의 목소리, 만경대혁명학원가, 빛나는 조국, 인민공화국 선포의 노래, 조국찬가, 고백, 그날의 15분, 근위부대 자랑가, 승리는 대를 이어)와 민요(바다 만풍가, 세월이야 가보라지, 철령 아래 사과바다, 단 '바다 만풍가'는 편집되어 그 내용을 확인할 수 없다)로 대별된다.

특히 김정은 제1위원장을 찬양하는 노래가 주를 이룬다. 〈인민은 부르네, 친근한 그 이름 김정은 동지 – "그리워 그리워 그리워라 불타는 불타는 천만 심장 우러러 따르며 부르네, 우리의 김정은 동지~"〉, 〈그리움의 하얀 쪽 배 – "당 중앙 창가로 너도 가느냐~"〉, 〈고백 – "그 이름에 마음이 끌려 따르는 김정은 동지~"〉. 장성택사건 이후 김정은 유일영도체계를 강화하기 위한 것으로 분석된다. 민요는 전술한 것처럼 김정은 제1위원장의 지시로 만들어졌다. 2014년 신년사에서 김정은 제1위원장은 "우리 제도를 좀 먹는 이색적인 사상과 퇴폐적인 풍조를 쓸어버리기 위한 투쟁을 강도 높이 벌여 적들의 사상·문화적 침투 책동을 단호히 짓부숴버려야 한다."라고 강조한 적이 있다. 청년들 속에 퍼지는 자본주의 문화 차단하고 사회규율을 강화하기 위한 것으로 보인다.

[표3] 〈신작 음악회〉의 곡목

순서	곡목	비고
1	인민은 부르네 친근한 이름	독창 리옥화
2	그리움의 하얀 쪽배	여성 3중창 (박미경, 정수향, 김유경)
3	내 심장의 목소리	여성 독창 라유미
4	만경대혁명학원가	여성중창

5	그 날의 15분	여성 독창 리옥화
6	〈빛나는 조국〉, 〈인민공화국선포의 노래〉, 〈조국찬가〉	경음악 련곡
7	고백	여성 독창 라유미와 방창
8	세월이야 가보라지	여성 독창 리옥화
9	철령 아래 사과바다	여성 독창 김설미
10	근위부대 자랑가	여성중창
11	승리는 대를 이어	여성중창

〈신작 음악회〉에서 눈에 띄는 것은 민요가수 리옥화의 등장이다. 공훈배우인 리옥화는 이번 공연에 처음 등장해 독창을 단원 중 가장 많은 3곡을 불렀다. 굳이 이전의 가수들이 서양적 외모였다면 리옥화는 동양적 외모로 분위기가 조금 다르다. 좀 더 지켜봐야 하겠으나 일단은

▲ 민요를 주로 부르는 공훈배우 리옥화

모란봉 악단의 외연을 넓히려는 시도이자 성격 변화를 예고하는 대목으로 보인다.

또 하나 큰 변화는 모란봉 악단의 대표적 가수였던 공훈배우 류진아가 무대에서 사라졌다는 점이다. 장성택 사건 이후 악장 선우향희와 함께 한때 활동이 없었던 류진아는 지난 4월 16일 〈조선인민군 제1차 비행사 대회 참가자들을 위한 축하 공연〉에 다시 등장하였으나 5월 19일 〈제9차 전국 예술인 대회 참가자들을 위한 축하 공연〉 이후 모습을 보이지 않는다. 항간의 보도대로 장성택 사건으로 타격을 받은 것인지, 아니면 모란봉 악단 공연 성격의 변화 때문인지는 확실하지 않다. 다만 전술한 대로 모란봉 악단의 대표적인 가수인 류진아와 북한의 새로운 아이돌로 부상했던 선우향희의 입지가 불안하게 비춰진다는 것은 단순히 그들 개인적 사정 때문만은 아닌 것으로 보인다.

■ 의장대 복장과 단조로운 분장

가수들은 흰 의장대군복에 치마를, 연주자들은 바지를 입었다. 군복 색깔에 맞춰 신발도 미색 하이힐로 통일했다. 목걸이를 한 출연자는 없으며 모두 간단한 클립형 귀걸이를 달았다. 가수들은 금속성 팔찌를 착용하고 있다. 헤어스타일은 리옥화를 제외하고는 대부분 단발로 통일하였으며, 핀이나 왁스로 귀 뒤로 머리카락을 넘겨 단정하게 보인다. 화장은 이전에 비해 엷게 하고 있다. 특히 짙은 화장을 했던 선우향희의 얼굴이 민낯처럼 단조로워졌고, 장신구가 많았던 차림새도 매우 수수하게 바뀌었다. 자신 있어 보이던 밝은 표정은 웃음기를 거의 잃어 보인다.

■ 거수경례

〈시범 공연〉과 〈신년 경축 공연〉의 안무도 단조로웠지만, 이번 공연
은 더욱 단조롭다. 가수들이 민요를 부를 때 민요풍의 춤을 가볍게 췄
고, 유일하게 경쾌한 음악인 〈근위부대 자랑가〉에서 가수들이 위치를
바꾸는 율동을 선보였다. 모든 출연자가 거수경례를 하는 분위기 속에
서 정형화되고 단조로운 안무 외에는 기대하기 어려울 것이다.

▲ 선우향희의 얼굴이 민낯처럼 단조로워졌고, 차림새도 수수하게 바뀌었다

■ 중국 극장식 분수대와 조명

만수대예술극장의 무대를 이용하여 특이한 점은 없다. 단지 중국의
공연에서 자주 볼 수 있는 분수대를 무대 전면에 설치하여 화려함을
더했다. 조명은 전체적으로 파랑, 노랑, 자주색 톤을 사용하였다. 주조
명과 부조명의 구별이 확실해 전체적으로 안정적이며, 페이스 톤을 잘
맞추었다. 또한 무대 앞은 밝게 하고 무대 뒤는 어둡게 하여 원근감을

잘 살렸다. 무빙라이트와 녹색 레이저 조명을 함께 사용했다.

〈시범 공연〉에서 '로동당 깃발'이 잘려 나온 것에 대한 비판이 있었음 인지, 무대 뒤의 LED 모니터를 대형으로 설치해 낫, 망치, 붓이 온전하 게 보이도록 공을 들였다. 한편 엔딩에 가서 mine(마인-불꽃)과 꽃가루 대포를 동시에 사용하여 효과를 높였다.

■ 공을 들인 촬영과 영상 편집

카메라는 객석 좌우에 EFP 2대(normal lens, 사이드 샷 및 관객용), 무대 뒤 좌우에 EFP 2대(wide lens, 관객 반응), 객석 중앙에 EFP 1대(망원, normal lens, 출연자 원 샷 및 그룹 샷), 객석 좌우에 지미집(jimmy jib) 2대(wide lense), 객석 2층 중앙에 EFP 1대(풀 샷용) 등 EFP 6대, 지미집 2대 등 모두 8대의 카메라를 투입했다. 남한의 대형 공연과 비슷하거나 조금 적은 수의 카메라를 사용하고 있다. 음악의 리듬과 악기의 연주에 맞게 적절하게 커트가 넘어가고 있으며, 중간중간에 녹화를 두 번하여 편집용 영상을 사용한 것을 확인할 수 있다. 전체적으로 편집에 공을 많이 들였다. 객석과 무대의 부드러운 연결을 위해 지미집 카메라를 두 대 사용한 것은 새로운 시도로 보인다.

■ 무난한 오디오 상태

가수들의 무선 핸드마이크와 헤드셋마이크는 Shure사 제품으로 국내 공연에 사용하는 제품과 동일하다. 현악기는 무선마이크 송신기, 색소폰은 클립 타입의 마이크를 달았다. 어쿠스틱 피아노는 스탠드 마이크, 키보드는 라인 아웃 케이블을 연결했다. 드럼 세트는 이전의 공연처럼 센서마이크를 사용하여 샘플러 출력을 이용한다. 연주자가 곡에 따라 샘플러를 조작하여 적절한 오디오를 내보낸다.

전기기타 소리와 색소폰 소리가 상대적으로 적게 들리지만 연주자들이 연주하는 각각의 악기 소리는 대체로 밸런스가 잘 맞는 편이다. 가수들의 오디오는 잔향 효과가 많아 깔끔하게 들리지는 않는다. 하지만 연주음과는 믹싱이 잘 되어 자연스럽다. 박수나 환호 등 객석의 반응은 타이밍에 맞게 적절히 들어가 있으나, 녹화 후에 따로 편집한 것으로 보인다. 전체적으로 오디오의 품질은 완벽하지는 않지만 대체로 무난하다.

모란봉 악단의 공연을 통해 본
방북 공연의 효과

모란봉 악단 공연에 나타난 남한 방송사의 방북 공연의 효과를 확인하기 위해서는 남한 방북 공연의 역사와 내용을 먼저 소상히 살펴보는 것이 순서일 것이다. 그러나 여기서는 효과부터 정리하고 그 내용은 후술하기로 한다.

체육관 공연의 등장

모란봉 악단의 공연에서 나타난 주요한 특징은 '체육관 공연'을 하나의 공연 문화로 정착시켰다는 점이다. 그동안 북한에서는 모란봉 악단뿐 아니라 은하수악단 공연 에서 종종 '체육관 공연'을 진행해 왔다. 그러나 모란봉 악단의 등장으로 비로소 체육관이 체계화된 공연장으로 자리를 잡게 된다. 전술한 바처럼 체육관 공연은 '공연 규모의 대형화', '무대의 입체화', '출연자와 관객의 일체화'에 있어서 일반 극장에 비해 효과가 월등하다. 북한의 체육관 공연은 자본주의 상업 문화의 산물로 태어난 남한식 체육관 공연과는 물론 성격이 다르다. 대규모 군중 동원의 효율성, 다양한 무대연출로 선전 활동이 용이한 점, 배우와 주민의 일체화로 쉽게 감동을 준다는 점이 체육관 공연을 선호하게 된 이유일 것이다.

남한에서 체육관 공연이 본격적으로 시작된 것은 아이돌 그룹의 등장 이후이다. 1990년대 초 〈서태지와 아이들〉과 1990년대 중반 〈H.O.T.〉 등이 나타나 대규모 관객 동원이 가능해지면서 공연 수익을 극대화할 수 있는 체육관 공연이 시도되기 시작했다. 1992년 〈서태지와 아이들〉의 올림픽 체조경기장 공연에는 당시로는 폭발적인 인원인 6천 명의 관객이 입장했다.[27] 성격이 좀 다르긴 하지만 80년대부터 오빠부대를 몰고 다닌 〈조용필〉도 체육관 공연을 통해 대규모 관객 몰이를 했다. 역시 1990년대 초 국내 공연 시장을 노크한 〈뉴 키즈 온 더 블록(New Kids On The Block)〉 등의 해외 유명 가수들의 공연도 체육관에서 시작되었다.[28] 대규모 야외 공연의 또 다른 모습인 체육관 공연은 대규모 관객 동원과 다양하고 새로운 무대연출이라는 상업적 욕구에 부응해 하나의 문화로 자리를 잡았고, 대규모 공연을 전문적으로 기획하는 회사도 생겨났다.

한편 전문가들은 대중문화의 본질인 '문화 콘텐츠'가 대중에게 자발적으로 수용되기 위해서는 '대중성'이 있어야 하고, 널리 확산되기 위해서는 수혜자인 대중들의 금전적 보상행위 즉, '상업성'이 필요하다고 한다. 즉 문화 콘텐츠를 널리 보급하기 위해서는 '선전을 위한 이데올로기적 내용구성이 아니라, 서비스의 주체는 언제나 객체인 대중의 관심을 불러일으키는 재미있고 다양한 소재와 형태 요소들을 찾아내고 가공해서 이를 상품화하기 위해 노력이 뒤따라야 한다[29]'는 것이다. 한류 문화의 확산은 이런 대중성과 상업성이 저변에 깔려있으며, 앞으로 한류 문화를 널리 확산시키기 위해서도 대중성과 상업성의 속성을 적절히 활용하고 조화시켜 나가야 한다는 의미를 암시한다.

모란봉 악단의 공연 중 〈신년 경축 공연〉이 '오락성'에 충실하다는 데 이론이 있을 수 없다. 여성중창〈빛나는 조국〉, 〈장군님을 우러러 부르

▲ 어깨 부분이 노출된 튜브톱 의상은 여성들의 노출 정도에 대한 기준이 완화되었음을 보여준다

▲ 11명의 연주자들은 치마 길이가 매우 짧은, 이른바 '하의실종' 의상을 착용했다

는 노래〉,〈장군님 축지법을 쓰신다〉등의 노래와 군인들의 훈련 장면과 '은하 3호 발사대'의 스티로폼 조형물 등을 설치하였으나 전반적인 연출은 오락성에 충실함을 보여준다. 무대장치, 출연자의 의상, 선곡 등에서 보여준 '열정과 랑만에 넘친 세련된 예술적 형상'[30]이란 '오락성'의 또 다른 이름에 불과하다.

필자가 2013년 8월 평양을 방문하여 직접 들은 이야기로는 모란봉 악단 공연이 열릴 때 앞자리를 차지하기 위해 이른바 '사비' 즉 웃돈을 5유로 내외 지불하고 입장하는 젊은이들이 적지 않다고 한다. 이런 현상을 상업성으로 확대해석할 수 없겠으나 재미있는 공연에 기꺼이 대가를 지불하려는 북한 주민들의 의사는 확인할 수 있다. 즉 모란봉 악단의 공연의 흥행 속에서 자본주의 대중 공연의 특징인 오락성뿐 아니라 불완전하지만 상업성의 맹아도 발견된다. 향후 모란봉 악단의 활동 방향에 흥미가 가는 이유이다.

역동적 무대연출

모란봉 악단의 〈신년 경축 공연〉 중 〈경음악과 노래련곡 – 세계 명곡 묶음〉에서 합창하는 가수들의 모습을 보고 있노라면 흡사 남한 방송 KBS의 〈가요무대〉를 보고 있는 듯한 착각에 빠진다. 현란한 조명 아래에서 어깨를 드러낸 반짝이 튜브톱 원피스에 네 명의 가수가 가벼운 어깻짓과 손짓으로 박자를 맞추는 장면은 우리에게도 무척 익숙한 것처럼 보인다. 하지만 한정된 레퍼토리와 절제된 의상과 동작에 익숙한 북한 관객에게는 오히려 낯선 장면일 것이다.

모란봉 악단의 연출은 모란봉 악단 출범 전 가장 대표적인 악단이었던 〈은하수악단〉과 비교해도 공연방식에 여러 가지 획기적인 변화가 나타난다. 2012년 3월 8일 〈3.8 국제부녀절 은하수음악회〉는 여러 가지 새로운 시도를 한 은하수악단의 기념비적 공연이다. 〈국제부녀절 은하수음악회〉는 규모가 작은 극장 공연임에도 불구하고 무려 11대나 되는 카메라를 사용하여 영상 촬영에 완벽을 기했다. 지미집 카메라의 능숙한 조종도 눈에 띈다. 객석 안으로 'RUN AWAY' 무대를 연결하여 가수와 MC가 자유롭게 객석 안으로 들어가 관객들과 호흡할 수 있도록 했다. 물론 완벽한 대본과 충분한 리허설에 기초하여 연출된 것이지만 북한의 공연 문화가 한껏 농익었음을 확인할 수 있는 장면들이다.

그러나 〈은하수음악회〉는 레퍼토리 선정에서 기존 북한의 민요나 송가류(流)를 벗어나지 않는다. 음악이 고전적 범주를 벗어나지 않았으므로 의상이나 분장 혹은 헤어스타일도 기존의 틀을 고수한다. 〈국제부녀절〉을 기념하는 음악회의 주제와 성격에 충실하기 때문으로 보이지만, 젊은 층들의 점증하는 변화의 물결을 흡수하기에는 분명 한계가 있다.

〈모란봉 악단〉의 공연은 전술한 바처럼 이런 고정관념과 틀을 거의 바꾸어 버렸다. 공연장선정 및 무대장치, 카메라워크, 오디오, 조명, 연출, 의상 및 코디, 선곡 등 모든 면에서 "참신하고 약동적이며 순수한 자기의 얼굴과 개성을 살린 새롭고 특색 있는 음악세계"[31]를 보여준다. 그러나 세상에 완전히 새로운 것은 없다. 모란봉 악단의 유전자 속에서 남한 공연 문화의 영향이 확인되며, 남한 방송사들의 방북 공연의 효과들을 발견할 수 있다. 모란봉 악단은 의도했든 아니든 남북한 대중문화 교류의 산물로 탄생했다고 분석할 수 있다.

유행을 따른 의상과 분장

모란봉 악단의 공연 내용 중 의상과 분장은 직접적인 영향을 확인하기 가장 어려운 부분이다. 의상과 분장(화장)은 대체로 유행에 민감하여 공연과 상관없이도 변화할 수 있는 여지가 많기 때문이다. 그렇더라도 모란봉 악단 출연자들의 변화된 의상과 분장 그리고 자유분방한 무대 매너는 남한 공연단으로부터 적지 않은 영향을 받았을 것으로 보인다. 방북 공연 중 남한 가수 혹은 출연자들의 의상이 문제가 된 사례는 1999년 SBS의 〈평화 친선 음악회〉와 2003년 SBS의 〈류경정주영 체육관 개관 기념 공연〉에서 찾아볼 수 있다. 〈평화 친선 음악회〉에 참가한 그룹 '핑클'은 북한 측의 요구로 색상이 들어가지 않은 검정색 원피스 혹은 투피스를 착용했으며, 'TO MY PRICE'라는 노래를 부르는 도중 율동을 할 수가 없어서 제자리에 서서 팔꿈치 아래만 움직이는, 마치 로봇 같은 안무를 선보였다.

〈류경정주영체육관 공연〉에서도 역시 여성 그룹 〈베이비복스〉의 의상이 북한 측의 거부반응을 일으켰다. 당시 베이비복스는 붉은색 실크 상의를 걸쳤는데 멤버 중 한 사람의 배꼽이 노출되었다. 북한 측은 리허설 과정에서 이 장면을 보고 의상을 바꾸어줄 것을 강력히 요청하였다. 다른 의상을 준비하지 않은 베이비복스가 난색을 표하자 북한 측은 출연을 허용할 수 없다고 강경하게 맞섰고, 결국 붉은 천을 한 장 덧대어 북한 측의 동의를 받아냈다. 여성들의 신체 노출이 심한 의상은 같은 공연에서 가수 설운도의 백댄서들도 착용하였다. 무대의상이긴 하지만 매우 짧은 스커트를 입은 여성 백댄서들이 현란한 안무와 함께 무대에 등장했으며, 북한의 공연관계자들뿐 아니라 관객들도 무척 긴장했다. 남한 공연단의 방북 공연에서 북한 측은 출연 여성들의 노출에 대해 대체로 지나칠 정도의 과민 반응을 보였다.

그런데 모란봉 악단의 공연을 보면 북한 측의 태도가 바뀐 것을 알수 있다. 〈시범공연〉에서 잠시 튜브톱 롱 드레스를 입었던 가수들은 〈신년 경축 공연〉에서 시종일관 어깨 부분이 노출된 튜브톱 의상을 입었다. 11명의 연주자들은 치마 길이가 매우 짧은, 이른바 '하의실종' 의상을 착용했다. 모란봉 악단의 의상이 곧바로 남한 공연단의 영향을 받았다고 단언할 수는 없다. 그러나 출연 여성들의 노출 정도에 대한 기준이 완화된 것은 분명하다. 즉 방북 공연에서 선보인 남한 공연단의 의상이 북한 당국과 관객들의 충격을 완화해주는 완충 역할을 할 수는 있었을 것이며, 다른 공연 문화와 복합적으로 섞여 북한 출연자들의 의상에 간접적인 영향을 미쳤다고 추론할 수 있을 것이다.

직접적인 영향 여부와 상관없이 주목할 만한 부분은 여성 출연자들의 성형수술이다. 이미 외국에 있는 북한식당의 종업원들 가운데 성형을 한 여성이 무척 많다. 고객을 끌기 위해서 미모가 중요한 역할을 한

▲ 북한에서도 쌍꺼풀 수술은 드물지 않다

다는 것을 경험을 통해서 체득하였기 때문일 것이다. 모란봉 악단의 가수와 연주자들 상당수가 성형수술을 한 것으로 보인다. 탈북자들의 증언을 통해 실제 북한에서도 쌍꺼풀과 코 높임 수술은 드물지 않다는 것이 확인된다. 성형수술을 반드시 자본주의사회의 특징으로 규정할 수는 없으나 사회주의적 가치관과 미적 기준에서 볼 때 생소한 것만은 사실이다.

다양한 특수효과

흔히 많이 쓰이는 특수효과는 '종이축포'(종이가 꽃가루처럼 날리는 효과), 'CO2'(고압의 탄산가스가 수증기처럼 분출되는 효과), '비눗방울', 불기둥과 불꽃(마인), 드라이아이스(드라이아이스에 온수를 분사하여 안개, 구름, 폭포 등의 효과를 연출) 등이다. 모란봉 악단의 공연에서는 종이축포와 불기둥과 불꽃이 자주 사용되었다.

▲조용필 공연의 엔딩에서 종이축포가 처음 사용되었다
(자료 출처, SBS 평양 노래로 잇다)

불꽃은 2003년 〈류경정주영체육관 개관 기념 공연〉에서 처음 사용되었다. 그룹 '신화'의 〈Perfect Man〉공연에서 갑자기 불꽃이 분출하였으며 관객들이 놀라서 혼비백산한 일이 있다. 2005년 〈조용필 평양 공연〉에서는 공연 직전 북한 측 관계자들이 불꽃의 재료인 화약을 모두 수거해 갔다. 관객의 안전을 위해 좁은 실내에 화약을 터뜨리게 할 수 없다는 이유였다. 당시 공연을 보기 위해 참석한 북한 고위층들의 신변 보호를 위해 경호팀들이 낯선 물질에 대해 과잉 조치를 한 것으로 볼 수도 있다.

▲ 조용필 평양 공연에서 종이축포를 보고 신기해하는 관객(자료 출처. SBS 평양 노래로 잇다)

종이축포는 2005년 〈조용필 평양 공연〉이 끝날 무렵 처음 소개되었다. 하늘에서 하얀 꽃가루가 떨어지자 평양 관객들이 신기한 듯 떨어지는 종이를 주워 살펴보기도 했다.

모란봉 악단의 공연에서는 종곡(마지막 레퍼토리)인 〈설눈아 내려라〉 노래가 끝날 때쯤 불꽃이 피어오르고 종이축포가 발사되었다. 김정은 제1위원장을 비롯한 당정의 주요 인사들이 모두 참석한 공연에 '위험한 재료'를 사용한 불꽃이 사용된 것은 상당한 변화이다. 종이축포도 공연의 엔딩을 화려하게 장식했다. 불꽃과 종이축포는 이미 북한 공연 문화의 주요한 효과 장비로 자리를 잡았다.

현대적 오디오 장비와 카메라 장비

2003년 〈류경정주영체육관 개관 기념 공연〉에서 그룹 신화는 헤드셋(Headset) 마이크를 북한에서 처음 사용했다. 무대에 스탠드 마이크가 설치된 상태에서 헤드셋을 착용한 이유는 단순히 시각적 소품으로 활용하기 위해서였다. 공연 당시, AR(audio recorded tape)을 사용했다. 즉, 이미 노래가 다 녹음된 상태에서 립싱크를 하였으므로 스탠드 마이크조차도 공연 소품에 불과했다. 헤드셋 마이크는 실제로 안무가 많은 댄스 가수나 악기를 직접 연주하는 가수들처럼 핸드 마이크를 사용할 수 없는 가수들에게는 필수품이다.

모란봉 악단의 〈신년 경축 공연〉에서 연주자들이 무선 헤드셋을 사용한다. 연주자들이 노래를 부르는 경우가 없으므로 여기서도 단순히 공연 소품에 불과하다. 오히려 모란봉 악단보다 앞서 활동한 은하수관현악단의 가수들은 헤드셋 마이크를 활발히 사용하고 있다.

카메라 중 가장 눈에 띄는 장비는 지미집(Jimmy Jib) 카메라이다. 지미집은 전술한 것처럼 2003년 KBS의 〈평양 노래자랑〉과 2003년 SBS의 〈류경정주영체육관 개관 기념 공연〉에서 처음 사용되었다. 지미집 카메라는 영상의 생동감을 높여주고 공간 이동이 자유로워 공연 제작과 스포츠 중계에 많이 사용된다. 남한 공연단의 방북 공연 후 북한의 조선중앙TV이 지미집을 요구하여 SBS 측에서 한 대를 전달한 적이 있

▲ 쇼트커트, 색조화장, 무선헤드셋, 튜브톱 의상을 한 일렉트릭 기타리스트 강정희

▲ 그룹 신화의 공연에서류경정주영체육관 개관 기념 공연에서 그룹 신화는 헤드셋 (Headset) 마이크를 북한에서 처음 사용했다. 무대에 스탠드 마이크가 설치된 상태에서 헤드셋을 착용한 이유는 단순히 시각적 연출이었다.(자료 출처 SBS 평양노래로 잇다)

다. 이후 북한의 방송에서 지미집을 사용하고 있는데, 이미 그 기술이 상당한 수준에 달한다.

적극적인 관객들

관객들이 머리 위로 손을 들어 좌우로 흔드는 동작은 2003년 〈류경정주영체육관 개관 기념 공연〉에 참석한 남한 측 관객들이 처음 선보였다. 당시 〈류경정주영체육관 개관 기념 남북통일 농구 대회〉의 막간 공연을 진행하기 위해 평양에 온 여성 국악인들이 공연을 참관했으며, 그들이 조영남이 〈아침 이슬〉를 부를 때 머리 위로 양손을 들어 흔드는 장면이 화면에 나타나는 모습으로는 북한에서는 최초이다. 가수들의 노래에 따라 손을 머리 위로 올려 흔드는 것은 우리나라와 일본에서 주로 행해지는 퍼포먼스이다. 박수를 따라 치기에는 느린 곡들에 대해 다른 관객들과 공동으로 흥을 표시하는 방법이다. 북한에서 관객들이 언제부터 공연 도중 이런 동작을 선보였는지는 확실하지 않다. 남한과 일본의 영향을 받은 중국 관객들의 문화가 북한으로 전파되었을 수도 있다. 하지만 2003년 당시에는 남한 공연단과 참석자들의 일거수일투족이 북한 관객들의 관심사였던 점을 고려할 때, 남한 관객들의 이러한 행동이 북한 관객들의 뇌리에 깊은 인상을 남긴 것은 확실한 것으로 보인다.

▲ 신년 경축 공연에서 머리 위로 손 흔들기 하는 관객

▲ 손을 머리 위로 올려 흔드는 장면은 2003년 류경정주영체육관 개관 기념 공연 도중 조영남이 '아침이슬'을 부를 당시, 객석에 앉은 남한 관객들에 의해 시작되었다.(자료 출처 SBS 평양노래로 잇다)

소프트 파워의 막강한 위력

미국을 가 보지 않은 많은 사람들이 미국을 동경하고 친밀감을 느끼는 이유가 무엇일까? 우리가 즐겨보는 할리우드 영화의 영향이 가장 클 것이다. 우리나라뿐 아니라 전 세계의 사람들이 미국의 영화배우들 속에서 가장 이상적인 남성상과 여성상을 발견하고, 영화 속에 비치는 미국인들의 생활 모습을 동경하고 모방하기도 한다. 할리우드 영화는 전 세계인을 친미주의자로 만드는 데 성공했다. 영화를 팔아서 돈을 벌고, 영화를 통해서 미국이나 미국 기업에 유리한 광고를 하고, 영화를 본 적대 진영의 군중들을 하나하나 무장해제시켜 나갔다. 20세기 발명품 (영화가 19세기 말 발명되었지만 상품화된 것은 20세기에 들어서다.) 가운데 원자탄을 제외하고는 할리우드 영화만큼 가장 강력한 무기는 어디에도 없을 것이다.

미국의 정치학자인 조지프 나이(Jojeph Nye)는 할리우드 영화처럼 '강제나 보상보다는, 사람의 마음을 끄는 힘으로 원하는 것을 얻는 능력'을 소프트파워[32] 라고 규정한다. 군사력이나 경제력 같은 하드파워와 대비되는 개념이다. 소프트파워는 '한 국가의 매력적인 개성이나 문화', '그 나라가 추구하는 정치적 가치와 제도', '정당해 보이거나 도덕적 권위를 지닌 대외 정책'에서 나온다고 그는 말한다. 할리우드 영화 외에도 비틀즈의 음악, 하버드대학, 마이크로소프트, 마이클 조던과 같은 문화적 자산을 미국 소프트파워의 일부로 예시한다. 그러나 자국의 군사력이나 자신의 정치적 힘을 과신하는 정치가들은 소프트파워의 위력을 과소평가한다. 미국 부시 정부의 매파 정치인 도널드 럼스펠드(Donald Rumsfeld) 국방장관은 "힘의 약세는 적의 도발을 부른다"라는 기준으로 미국의 국방정책을 추진했다. 국제적인 테러리스트 오사마 빈 라덴(Osama Bin Laden)은 "사람들은 강한 자에 매력을 느낀다."라고 말했다.[33] 구소련의 정치가인 스탈린은 '교황 밑에 몇 개 사단이 있느냐'라며 비아냥거렸다고 한다. 스탈린은 생전에 무소불위의 정치가로 위력을 떨쳤지만 그의 사후 격하 운동이 일어나 그가 남긴 업적은 훼손되었다. 그러나 교황은 여전히 대대손손 여전히 전 세계에서 가장 영향력 있는 존재로 남아있다.

하드 파워의 현실적 위력을 무시할 수 없다. 그러나 소프트 파워의 영향력은 종종 하드 파워를 능가하며 때로는 하드 파워가 도저히 해낼 수 없는 일을 해내기도 한다. 소프트 파워 중 여기서 관심을 갖는 분야는 바로 대중문화이다. 조지프 나이도 미국의 적대국인 이란의 젊은이들이 금지된 미국 비디오나 위성TV를 집에서 몰래 보는 사례를 소개하며 소프트 파워의 매력은 강제력을 동반하는 하드 파워보다 훨씬 위력적이라고 주장한다.[34] 대중문화의 문화 콘텐츠는 단지 한 사회의 사회 질서나 생활양식뿐만 아니라 가치관과 이데올로기까지 포함된 총체적 콘텐츠로 생산된다. 따라서 이를 향유하는 소비자는 그 속에 담긴 가치나 정체성을 무의식적으로 받아들이게 된다.[35]

2001년 중국의 사천 쓰촨성 청두시를 취재차 방문한 적이 있던 필자는 고등학생들이 태극기를 가방에 꽂고 다니는 것을 목격했다. 북한을 혈맹으로 여기며 항미원조(抗美援朝) 즉, 미국에 대항해 북한을 도왔다는 사실을 가슴 뿌듯하게 여기는 그들의 할아버지들이 엄연히 생존한 상황에서, 태극기를 펄럭이며 거리를 활보하는 학생들의 행동을 유발한 동기가 과연 무엇이었을까? 만약 우리 대사관이 학생들을 사주하여 태극기를 들고 다니게 했다면 엄청난 외교적 문제를 야기하게 했을 것이다. 한류가 지금처럼 확산되지 않은 당시에도 문화의 힘은 그렇게 강력한 것이었다. 돌이켜 보건대, 한류의 문화 콘텐츠가 최근 십수 년간 우리나라 주변 국가에 미친 영향과 그로 인해 우리나라의 이미지 향상에 기여한 점은 우리나라의 군사력과 경제력으로는 도저히 해낼 수 없는 일성들이었다.

남한의 대중 공연이 북한에 미친 영향은 아직은 정확히 측정되지 않는다. 모란봉 악단의 공연 속에서 발견되는 몇 가지 현상만을 가지고 우리 대중문화의 위력을 속단할 수는 없다. 그러나 변화는 작은 데서 출발한다. 일단 한 번 불붙기 시작하면 걷잡을 수 없이 확산되는 것이 대중문화의 위력이다.

휴전선 넘어 깊숙이 들어간 한류!

북한에서 남한의 대중문화가 과연 어떤 모습으로 전파될지에 대해서 재미있는 예측을 한 연구가 있다. 전희락·박종렬은 옥수수 잡종 씨앗의 확산 패턴을 연구한 미국 아이오와주립대학교의 농촌사회학자인 Ryan과 Gross의 사례를 인용하여, 북한에서 한류문화의 확산은 초기 단계에는 서서히 확산되다가 '혁신'에 대한 주변의 합의가 이루어지면 확산 속도가 한층 가속화될 것으로 예측한다.

Ryan과 Gross는 1930년에서 1950대에 걸쳐 미국 아이오와주에서 '잡종 옥수수(hybrid corn)'의 재배를 통해 생산 혁명이 일어나는 과정을 연구하였다. 그들은 기존의 옥수수 대신 수확량이 많은 잡종 옥수수를 재배하는 농부들의 자세에서 일정한 시간적 패턴을 발견하였는데, 여론 주도층이라고 할 수 있는 고등교육을 받은 큰 농장주가 먼저 수용하면 일반 농부들 사이에서는 확산 속도가 매우 빨라진다는 사실을 증명했다.[36] 전희락·박종렬은 잡종 옥수수의 이런 수용 패턴을 북한의 한류 문화 수용 과정에 적용할 경우에 북한 체제의 폐쇄성으로 인해 다른 나라와는 차이가 있겠지만, 일단 여론 주도층이라고 할 수 있는 20대 유학생이나 당 간부들을 통해서 한류 문화가 수용된다면 일정기간이 지난 뒤 확산 속도가 무척 빨라질 것으로 보고 있다.[37]

하드웨어의 발전이 소프트웨어의 확산을 부추긴다. 최근 들어 북한에서 한류의 확산속도를 높이는 데 기여하는 주목할 만한 기기가 등장했다. EVD 플레이어(Enhanced Versatile Disc, 강화 다목적 디스크 혹은 고성능 DVD 플레이어, 일반적으로 노트텔이라고 부른다.)라는 기기이다. 중국이 해외에 DVD의 로열티를 지급하지 않기 위해 DVD를 다섯 배 이상 선명하게 볼 수 있도록 2003년에 개발한 EVD 재생 장비이다. 이 장비를 통해서 DVD뿐 아니라 CD와 USB의 재생이 가능하다. 원가는 미화 230달러 내외인데 북한에 우리 돈 6만 원가량의 값싼 중고 제품이 대량 유통되면서 한류 콘텐츠가 확산되고 있다는 것이다.[38]

▲ 한류의 확산 속도를 높이는 데 기여한 EVD 플레이어

요즘 들어 USB의 용량이 갈수록 커져 가고 있어서 손가락보다 작은 16기가의 USB 안에 1.4기가 영화를 10편 정도 저장할 수 있다. USB는 시청 현장을 포착하지 않는 한 워낙 사이즈가 작아서 단속을 하기가 어렵다. 실제로 아시아프레스의 오사카 사무소 이시마루 대표는 "강원도, 평양, 황해남도의 남부 지역에는 직접 한국 텔레비전을 볼 수 있는 곳이 많다"라며 "과거와 달리 CD, 즉 알판이 아닌 USB나 메모리카드에 영상을 저장해 중국에서부터 반입하는 형식으로 한국 드라마가 확산되고 있다"라고 증언한다.[39]

모란봉 악단의 등장은 남한을 비롯한 외래문화의 유입에 대응해 북한의 젊은 세대들의 요구에 맞는 새로운 스타일의 음악을 보급하기 위한 것이다. "최근 조선에서는 형식에서 새롭고 현대적이면서도 인민적인 것으로 일관된 개성 있는 공연을 펼쳐 보이는 모란봉 악단의 음악이 각 계층 시민들 속에서 애창되고 있는데, 시민들은 누구나 쉽게 부를 수 있는 통속적인 창법과 부드럽고 섬세하게 형상된 간결한 형식의 노

래들에 친근감을 가지고 있으며, 특히 진취성이 강한 새 세대 청년들은 경쾌하며 발랄한 리듬적인 대중가요에 매력을 느끼고 있다"라는 신문 기사[40]는 이런 취지를 담고 있다. 아울러 "인민대중을 타락시키는 자본주의 나라들의 대중가요가 아니라 철두철미 인민을 위한 노래, 통속적이며 건전하고 고상한 주체 음악을 창작하는 데 대중가요 창작의 총적 목표가 있다"[41]라는 주장 속에서 외래문화 유입에 대한 북한 당국의 고민을 엿볼 수 있다.

서독과 체제 경쟁을 벌이던 구동독 정부의 정책에서도 비슷한 고민이 발견된다. 동독 정부는 방송이 자유와 민주화의 바람을 전달하는 매체임을 익히 알고 동독 주민의 서독 방송 청취를 법적으로 금지시켰다. 그러나 서독 방송에 대한 동독 정부의 통제 조치들은 동독 지도부에 대한 동독 주민들의 반감을 증폭시키고, 오히려 정치적인 불안정을 조장하였다. 이렇게 되자 동독 정부는 주민들의 서독 TV 시청을 묵인하면서 동독 TV의 시청률을 높이기 위해 정책을 전환했다.

이런 과정에서 동독의 지도부는 "서방적 생활 방식을 아무런 비판 없이 복사할 것이 아니라 현대적 문화와 문명의 업적과 능력을 자체 문화의 전통과 가치를 보존, 발굴, 발전시키면서 창조적으로 접목해야 한다"라고 주장했다. 김정은 제1위원장이 "인민의 구미에 맞는 민족 고유의 훌륭한 것을 창조하는 것과 함께 다른 나라의 것도 좋은 것은 대담하게 받아들여 우리의 것으로 만들어야 한다고 강조"한 논리와 놀랄 만큼 유사하다. 더 나아가 김정일 위원장의 유훈인 "자기 땅에 발을 붙이고 눈은 세계를 보라"라는 논리와도 통한다.

후술하겠지만 동독에서는 각종 정보 분야뿐 아니라 오락 분야에서도 이데올로기적 딜레마가 심화되었으며, 방송 프로그램 경쟁은 결국 동독 당국이 자기 나라에 자유와 민주화의 바람을 스스로 불어넣는 결과를 초래했다. 모란봉 악단의 활동이나 한류의 확산이 북한 사회를 어떤 모습으로 변화시킬지 알 수 없다. 북한 당국의 문화 개방 속도를 예측할 수 없을 뿐 아니라, 북한의 지정학적 위치나 문화적 배경이 동독과 달라, 북한 주민들 스스로가 외래문화와 접촉하기도 쉽지 않기 때문이다. 동독의 위정자들은 동독 대중 사이에 확산되는 서방 대중문화에 대해 '후기 시민 사회의 진보적인 요소와 사회주의적 국제주의의 접목'이라는 아전인수 격 정치 논리로 해석하여 시대의 흐름을 따라가지 못하고 문화적 정체성을 상실하는 결과를 초래했다. 현재 '사회주의적 오락 예술'은 통일 독일의 어디에도 남아 있지 않다.

북한은 주민들의 문화적 욕구를 적절히 수용하면서 외부의 충격을 최소화하는 정책을 진행할 것으로 보인다. 하지만 분명한 것은 대중문화 자체의 영향력과 파괴력은 정치권력으로 통제하기가 쉽지 않다는 것이다. 북한 주민들의 새로운 대중문화에 대한 욕구는 이미 북한 당국이 생각하는 수준을 뛰어넘었을 가능성이 크다. 지나친 보수화로 주민들의 눈높이에 상응하는 문화 정책을 전개하지 못하거나 과거로 회귀할 경우 기대와 정책 사이에 깊은 간극(gap)이 발생하여 문화적 혼란이 일어날 수 있다.

유격대 여전사로 후퇴한 모란봉 악단

　2012년 7월 〈시범 공연〉에서 파격적인 의상으로 다양한 레퍼토리를 선보인 모란봉 악단은 2013년 1월 〈신년 경축 공연〉에서는 더 세련된 스타일로 새로운 콘셉트의 공연을 벌였다. 그러나 2014년에 들어서서는 공연의 내용이 단조로워지고 의상도 군복으로 바뀌었다. 의장대 복장 혹은 유격대 여전사 복장을 한 단원들은 공연 시작 전후에 군대식 거수경례를 붙이고 표정도 경직되었다. 이런 분위기는 김정은 제1위원장이 신년사에서 "우리 제도를 좀먹는 이색적인 사상과 퇴폐적인 풍조를 쓸어버리기 위한 투쟁을 강도 높이 벌여 적들의 사상 문화적 침투 책동을 단호히 짓부숴버려야 한다"라고 강조한 뒤 나타나는 현상이다. 특히 2014년 9월 9일 만수대예술극장에서 진행된 〈신작 음악회〉는 군가, 송가, 민요만 공연되었다. 공연 뒤 김정은 제1위원장은 "우리 선율이 제일이고 우리 장단이 제일이라는 확고한 관점을 가지고 민요창작에 힘을 넣으라"라고 지시했다.

　공연의 주제와 세부적인 내용은 예술적인 영역이고 그 결정권은 예술가들에게 있다. 정치 지도자가 공연의 방향에 대해 세세히 지시하고 지시를 받는 것은 북한예술의 특징이자 한계이다. 북한에서 활동하는 모란봉 악단은 이렇게 태생적인 한계를 지니고 있다. 예술 발전의 모티브가 되는 다양성과 자유분방함의 결여, 획일적인 공연 방식, 특정한 사람과 이념을 전파해야 하는 정치적 강박감 등 보기에 따라서는 단순 기능적인 조직일 수 있다. 하지만 그 가운데에서도 신세대적 발상과 수구적 사고가 충돌하고, 낡고 완고한 틀이 새로운 흐름에 순화되어 가고 있다. 튜브톱과 군복, 재즈와 거수경례, 미키마우스와 탱크 등 서로 대비되고 통일성 없는 이미지의 혼재는 모란봉 악단의 공연이 이러한 갈등의 공간임을 보여준다. 2015년 봄, 모란봉 악단이 어떻게 변신한 모습으로 대중들 앞에 나타날지 궁금해진다.

　분명한 것은 한류는 이미 국경을 넘었다는 것이다. 마치 마른 헝겊에 물이 스며들듯 소리 없이 북한 사회로 파고들고 있다. 일반 주민들은 중국 국경을 통해 들어온 영상물을 통해서, 평양의 고위 관료들과 상류층은 남한 방송사의 공식적인 대중 공연을 통해서 남한의 대중문화와 접촉했다. 북한 주민들의 남한 대중문화에 대한 접촉 확대는 남한의 이해를 높이고 남북한의 문화적 이질성을 극복하는 주요한 계기로 작용할 것이다. 한밤중에 종을 쳐도 시끄럽다거나 뜬금없다고 생각하지 않을 것이며, 종소리를 듣고 새해 소망을 기원하는 사람도 늘어날 것이다.

▲ 유격대여전사복장을 한 모란봉 악단의 2014년4월 삼지연군 문화회관 공연

제3장.

방북 공연에 보낸
북한 관객들의 갈채를
기억하자!

(제3장의 내용은 2011년 필자의 연세대학교대학원 통일학석사과정 논문 '한국방송사의
방북대중공연의 추이와 효과분석'을 인용하였음)

우리는 이미 잊고 있다. 1999년부터 7년 동안 남한 방송사들은 북한 관객들을 무대 앞으로 끌어내기 위해 부단히 노력했다. 시청률을 올리거나 북한의 팬을 확보하기 위한 것만은 아니었다. 대중문화를 통해 남과 북이 정서적 공감대를 형성하고 이해와 신뢰를 쌓을 수 있기를 바라는 소박한 바람 때문이었다. 백 명이 넘는 공연단이 트럭 수십 대 분량의 장비를 들고 휴전선을 넘는 것은 쉬운 일이 아니었다. 그러나 평양에 무대가 열리면서 공연단은 방북 과정의 노고를 기꺼이 감수할 수 있었다. 남한 가수의 노래에 진심으로 박수를 보내고, 생경하게 들릴 수 있는 가사를 따라 부르는 관객을 만났기 때문이다. 그들의 표정 속에서 소통의 가능성을 확인하고 공연장의 열기를 통해 화해와 평화의 구도를 만들 수 있다는 확신을 얻었기 때문이다. 이제 기억에서도 희미하게 사라져 가는 남한 방송사들의 방북 공연의 역사를 되짚어보자.

[SBS 2000년 평화 친선 음악회]

로저 클린턴을 따라간 최초의 방북 공연

① 공연 일시
1999년 12월 5일 (방송 12월 10일)

② 공연 장소
평양 봉화예술극장

③ 주관
 ·남한 : (주)코래콤
 ·북한 : 조선아시아태평양평화위원회

④ 입북 경로
서울–베이징–평양 (총 39명)

⑤ 가수 및 곡목
 ·미국 가수 로저 클린턴과 5인조 밴드 (Roger C Clinton & Politicit Band)
의 공연(41분 30초 공연)

 ·남한 가수 공연(45분 공연)
1. 핑클 〈TO MY PRINCE〉

2. 설운도 〈누이〉

3. 최진희 〈사랑의 미로〉

4. 젝스키스 〈예감〉

5. 태진아 〈사모곡〉

6. 패티김 〈사랑은 영원히〉

·북한: 만수대예술단(43분)
1. 김명순 : 부채춤─천안삼거리
2. 석란희 : 가곡─봉선화
3. 리순녀 외 : 장고춤

·합창 〈우리의 소원은 통일〉

⑥ 방송제작
조선중앙TV

⑦ 연출
·배철호(SBS PD, 남한 측 공연)
·김일남(조선중앙TV 연출가, 북한 측 공연)

⑧ MC
·김승현(남한 측 공연)
·백승란(조선중앙TV 방송원, 북한 측 공연)

평화 친선 음악회의 특징

■ 남북한 적극적 교류의 시발점

1998년 국민의 정부 출범 후 남북 간의 문화교류에 대한 분위기가 무르익고 있었다. 1998년 5월 〈리틀엔젤스 예술단 평양 공연〉이 개최되었고, 같은 해 11월 평양에서 〈제1회 윤이상 통일 음악회〉가 개최되었다. 또한 같은 해 5월에는 SBS에서 스포츠아트의 협조를 얻어 평양의 풍

물에 대한 다큐멘터리를 제작하였고, 이듬해인 1999년에 방송사로서는 처음으로 남북한 당국의 공식적인 승인을 얻어 이산가족 상봉 프로그램인 〈조경철 박사의 북한 방문기—53년 만의 귀향〉을 제작하였다.

남북한 간의 이러한 적극적인 문화 교류는 적게는 국민의 정부의 적극적인 대북 포용 정책과 북한의 경제 위기, 크게는 냉전 질서가 해체되고 민주주의와 시장경제가 확산되는 세계적인 질서의 변화와 맞물려 진행되었다. 특히 미국의 클린턴 정부가 한반도의 냉전을 종식시키는 것이 전략적 목표 중의 하나였으며, 이를 위해 남한이 적극적으로 남북 관계 개선을 추진하는 것을 지지하였다.[42]

▲ 빌 클린턴 대통령의 이복동생인 로저 클린턴의 공연과 연계되었던 SBS 평화친선음악회(자료 출처 SBS 평양 노래로 잇다)

미국에서는 3류 가수이자 마약 소지자로 감옥 생활까지 했던 로저 클린턴(Roger C Clinton)이지만, 그가 현직 미국대통령 빌 클린턴(Bill Clinton)의 이복동생이라는 사실로 인해 그의 방북에 대한 남북한 당국의 관심은 컸다. 북한의 조선아시아태평양평화위원회와 접촉하였던 남한의 소규모 방송광고대행사인 〈코레콤〉이 어떤 연유로 이 행사를 주관하였는지는 알려지지 않았다. 그러나 로저 클린턴의 방문이 힐러리 클린턴의 방북으로 이어지고 북−미관계 개선의 지렛대로 활용될 것이라는 소문이 한국 방송가에 퍼졌다.[43] SBS는 처음에는 코레콤을 통해서 간접 접촉을 하다가, 1999년 11월 베이징에서 북한 측 파트너인 조선아시아태평양평화위원회 및 민족화해협의회 측과 공연 내용에 대해 4일간 직접 협의를 벌였다.

결국 남북한 당국의 관계 개선 의지, 냉전 해체 후 변화되어가는 국제 정세, 미국의 적극적인 대북 정책 등이 맞물린 상황 속에서 이 공연이 추진되었다.

▨ 우리의 모습을 가감 없이 보여준 공연

이전까지 남북한 사이의 문화 교류는 '남북 사이의 이질성을 극복하고 동질성을 회복하는 유력한 수단이 되게 하는 데[44] 그 목적'을 두는 것이 일반적이었으나, SBS의 평화 친선 음악회는 처음부터 남한 대중 예술의 실상을 있는 그대로 보여주자는 데 그 목적이 있었다. 즉 북한 주민들이 다소간의 이질감을 느끼더라도, 가수와 레퍼토리의 선정, 의상, 안무 등 공연과 관련된 모든 부분을 남한의 것 그대로 보여주려고 하였다.

방송 공연에서 남한의 유행 음악을 보지 못할 경우 북한 주민들은 남한의 댄스음악을 비롯한 남한의 대중문화를 접할 기회가 없을 것이며, 남한의 실상을 알려주는 것이 남북한 문화 통합을 위한 첫걸음[45]이라는 것이 SBS 측의 주장이었다. 따라서 SBS 연출진은 가능한 한 전위적인 율동과 의상을 공연에 포함시켰다. 북한 주민의 정서를 고려하지 않고 일종의 〈충격요법〉을 택하는 것이 남북한의 진정한 문화통합을 위해 바람직한 것이냐에 대해서는 논란이 있을 수 있으나, 당시 SBS측의 기획 의도는 다음에 논하는 것처럼 가수와 레퍼토리의 선정에서 분명하게 드러났다.

■ 최초의 남북 공동 연출 무대

SBS의 평양 공연은 〈2000년 평화 친선 음악회 로저클린턴 공연〉이라는 이름으로 처음 기획되었다. 즉 애당초 미국가수 로저 클린턴의 방북 공연으로 준비되었으나 남한 가수의 공연과 북한 예술단의 공연이 추가되었다. 따라서 SBS에 의해 남북한 합동 공연이 추진되었지만 로저 클린턴—남한 가수—북한 예술단(무용단 포함)의 순서대로 남한 측과 북한 측이 순차적으로 공연을 진행하였고, 마지막에 남북의 출연진이 〈우리의 소원은 통일〉을 함께 부르는 데 그쳤다. 남북한 공동 중계를 하기로 묵시적으로 합의했지만 남한에만 방송되는 등 공연 진행 방식에 있어서 북한 측의 주장이 더 많이 반영되었다.

그러나 SBS로서는 이전에 남한 방송사의 방북 공연이 전무하였던 상황에서 미국가수의 방북 공연에 동승할 수밖에 없는 불가피한 사정이 있었으며 따라서 북한 측의 주장을 수용하지 않을 수 없었다. 한편 북한으로서도 남북한 공동 공연으로 야기될 정치적 부담 즉, 자본주의 문화와의 직접 접촉으로 인한 피해를 최소화하고, 남한공연을 전송해서 야기될 혼란을 피하기 위해 순차적인 공연, 중계 불가의 원칙을 고수한 것으로 보인다.

SBS는 중계차 및 카메라 장비와 관련 인력을 모두 조선중앙TV으로

부터 지원받아 녹화를 진행하였다. SBS는 조선중앙TV이 녹화한 PAL 방식의 TAPE를 전달받아 NTSC로 전환하여 방송하였다. PAL(Phase Alternation by Line System)은 북한에서 사용 중인 컬러텔레비전 송수신 방식이며 NTSC(National Television System Committee)는 남한에서 사용 중인 컬러텔레비전 송수신 방식을 일컫는다. 평화 친선 음악회는 제한된 범위이긴 하나 남한의 연출진과 북한의 연출진 및 기술진이 협조하여 방송을 제작한 최초의 사례로 평가된다.

■ 율동과 노출 의상 절대 금지!

SBS는 남한 최고 수준의 공연을 북한에 선보인다는 원칙 아래 북한 측의 정서에 부합할 것으로 보이는 트로트 가수(태진아, 설운도), 문화적 충격을 줄 수 있는 신세대 댄스 가수(젝스키스, 핑클), 북한 측에 비교적 알려진 것으로 추정되는 가수(최진희), 남한 최고급의 가수(패티김)로 적절히 안배했다.

평화 친선 음악회는 남한의 이른바 '댄스음악'을 북한의 관객들에게 선보인 최초의 공연이었다. 따라서 SBS 측에서는 북한 측의 반발을 고려해 각 가수의 공연 실황과 가요를 담은 VHS테이프, CD와 악보를 미리 보내 검토를 요청했다. 아울러 각 가수마다 2곡씩의 곡목을 미리 보내 북한 측이 먼저 검토하도록 했다. 그러나 평양에 도착한 뒤 리허설 과정에서 북한 측은 남한 가수의 곡목을 모두 계몽기 가요로 바꿀 것을 요구했다. 아울러 댄스 가수의 공연을 허용할 수 없다고 일방적으로 통보해 왔다. SBS 측이 공연을 거부하겠다는 초강경 자세를 취한 뒤 양측은 협상을 재개하였다.

이 과정에서 북한 측은 '1. 신세대 댄스 가수인 젝스키스와 핑클의 공연을 허용할 수 없다. 2. 가수의 율동(댄스)을 허용할 수 없다. 3. 노출이 많은 의상을 입어서는 안 된다'라는 3가지의 조건을 제시하였으며, SBS 측은 두 번째와 세 번째의 제안을 수용하고, 한국에 돌아가 북한에 대한 부정적인 기고를 하지 않는다는 선에서 타협을 보았다. 또 가수들은 비교적 북한 관객의 정서를 자극하지 않는 곡목으로 한 곡씩만 부르기로 합의하였으며 핑클은 댄스가 없는 발라드풍의 노래인 〈TO MY PRINCE〉, 설운도는 〈누이〉, 최진희는 북한 측에 잘 알려진 남한 노래인 〈사랑의 미로〉[46], 젝스키스는 비교적 율동이 적은 댄스곡인 〈예감〉, 태진아는 어머니를 그리는 노래 〈사모곡〉[47], 패티김은 특별히 대표곡인 〈이별〉, 〈사랑은 영원히〉 등 2곡을 불렀다.

■ 자유로운 공연은 아직 시기상조

남한의 대중가수 공연을 평양에서 개최해 본 경험이 없는 상황에서 최종 합의에 이르기까지 순탄하지 않은 과정을 겪었다. 공연 무대를 북

▲ 노출의상과 율동이 금지된 핑클은 평양 관객을 위한 특별한 공연을 한 셈이다.(자료 출처 SBS 평양 노래로 잇다)

한의 봉화예술극장으로 정한 이상 무대장치나 조명을 SBS에서 임의로 변경하는 데는 한계가 있었다. 그러나 가수의 곡목 선택, 안무, 의상에서는 자율성을 발휘할 여지가 있었으나 평양의 최종 리허설 과정에서 북한 측 파트너가 교체되면서 파행을 겪었다. 전술한 바와 같이 베이징에서 4일간 논의를 거쳤음에도 불구하고 북한 측은 곡목을 모두 계몽기 가요로 바꾸어줄 것을 요구해왔다. 안무에 있어서는 율동을 모두 배제하고 의상에서도 노출을 금지하였다. 결국 SBS 측이 패티김을 제외한 나머지 가수는 준비해 간 곡목 중 한 곡만을 부르고, 안무와 의상은 북한 측의 주장을 받아들이는 선에서 타협을 보았다. 댄스 가수인 핑클은 팔을 제외한 신체 전부를 가린 검정색 의상을 입고 팔만 흔드는 남한 관객이 보기에는 다소 우스꽝스러운 몸짓으로 공연을 진행했다.

소극적인 관찰자인 북한 관객들

북한 측의 반응은 공식적인 반응과 비공식적인 반응으로 나누어 분석할 수 있다. 남한 측과의 공연 교류를 단순히 문화 교류라는 관점이 아니라 정치적인 관점에서 파악하고 있기 때문에, 공연 직후 공식적인 반응은 북한 당국의 정치적인 의도가 포함된 의견으로 보아야 한다. 따라서 공연이 북한 주민들에게 미친 효과를 파악하기 위해서는 북한 언론의 반응뿐 아니라 공연 도중 나타난 북한 관객의 반응도 면밀히 검토하여야 한다. 아울러 북한의 일반 주민에 대한 파급효과도 확인할 필요가 있다.

단 남한의 방북 공연에 대한 북한 언론이나 출판물의 기사가 제한적이라는 점, 남한 공연단의 공연이 제한된 공간 안에서 진행되며 관객들이 대부분 동원된 사람이라는 점, 남한 공연의 파급효과에 대해 직접적인 설문을 할 수 없다는 점은 한계로 지적된다. 따라서 공연장에서 파악되는 관객의 직접 반응, 북한 언론이나 출판물의 반응, 북한 주민들에 대한 설문 조사에서 나타나는 내용 등을 종합적으로 고려해 그 반응을 추론할 수밖에 없다.

봉화예술극장의 객석 수는 모두 2,000석이며 공연 당시 만석이었다. 관객은 30대~50대의 정장 차림의 남성이 주축을 이루고 한복과 양장 차림의 여성이 소수를 차지한다. 20대 전후의 젊은 관객은 보이지 않는다.

평화 친선 음악회가 열린 봉화예술극장은 공연이 시작되기 30분 전 이미 2,000명의 관객이 객석을 메웠다. 관객들은 대부분 중장년층으로 남녀 모두 정장 차림이었으며, 일사분란하게 입장하는 것으로 보아 입장권을 구매하지 않고 모두 동원된 평양시민인 것으로 보였다. 조선중앙TV의 지원을 받아 녹화를 진행하였기 때문에 관객의 표정 변화는 읽을 수 없었다. 북한 방송들은 통상 행사 도중 관객 전체적인 모습만 보여줄 뿐, 개별 관객의 표정은 보여주지 않는다. 이동용 ENG카메라와 6mm 소형카메라를 휴대한 SBS 제작진은 무대 뒤 출연자 대기석에서만 촬영이 허용되었다.

관객들은 공연이 진행되는 2시간 반 동안 객석에서 차분히 앉아서 관람을 하였으며 도중에 자리를 뜨거나 이동하지 않는 것으로 보아 평소 공연 관람을 많이 한 것으로 보인다. 남한 가수들의 공연이 진행되는 동안 다소 긴장된 표정이었으며, 공연도중에 박수를 치는 일이 없이 노래가 끝나서 가수가 인사를 할 때만 한 번 박수를 쳤다. 여성 그룹 핑클의 공연 도중 오디오(audio)가 끊기는 사고가 2회 발생하였으나 관객들은 동요 없이 무덤덤한 표정이었다. 사회자인 이승현이 "어린 학생들을 위해 박수 부탁드립니다."라는 아나운서 멘트로 박수를 유도하자 수동적으로 따라 쳤다. 태진아가 〈사모곡〉을 부르는 도중 감정을 억누르지 못해 무릎을 꿇고 눈물을 흘렸으나 관객들은 특별한 반응을 보이지 않았다.

공연이 끝나고 출연자들이 모두 무대에 서서 〈우리의 소원은 통일〉을 합창할 때는 모두 따라서 노래를 했지만 여전히 적극적인 자세는 보이지 않았다. 그래프에 나타난 것처럼 후반 잠시 호의적인 반응이 화면에 잡혔으나 관객들은 공연 내내 긴장의 끈을 늦추지 않는 모습이었으며, '소극적 관찰자' 혹은 '침묵' 수준을 벗어나지 않았다.

해금(解禁)된 태진아의 〈사모곡〉

평화 친선 음악회는 북한 언론에서 '미국 대중음악 가수 로저 클린턴의 공연'으로 보도되었다. 따라서 남한 가수의 공연에 대한 직접적인 언급은 없었으며, 단지 로저 클린턴의 '일행은 노래와 무용, 남녀 독창 등의 종목들을 무대에 올렸다'라고만 묘사되어 있다.[48] 오히려 로저 클린턴의 북한 내 활동은 공연 외에도 「미국 대중음악가수 로저 클린턴 일행 만경대 방문, 여러 곳 방문」, 「조선아시아태평양평화위원회에서 미국 대중음악 가수 로저 클린턴 일행을 위하여 연회」, 「미국 대중음악 가수 로저 클린턴 일행 여러 곳 참관」 등으로 상세히 보도되었다.[49] 남한 가수의 공연에 대한 직접적인 언급은 없으나 부정적인 묘사나 표현이 없는 것이 특징이다.

남한 공연단의 평양 공연은 제한된 공간에서 제한된 인원에게만 공개되었으며, 북한 채널을 통해서 실황이 중계되지도 않았다. 일반 주민들이 공연 장면을 접할 기회는 없었으며, 공연에 대한 반응을 확인할 방법이 없다. 탈북자를 중심으로 한 설문에서 가장 기억에 남는 남한의 가수는 주현미와 태진아인 것으로 나타난 적이 있다.[50] 태진아에 대한 인기가 단순히 공연에 대한 북한 주민들의 반응이라고 단정 지을 수는 없다. 그러나 태진아가 이후 북한 공연에 참여한 적이 없는 점으로 미루어볼 때 평화 친선 음악회에서의 공연 효과가 일정 부분 반영된 것으로 보인다. 한편 북한 당국은 1920년대 카프 시기 이후 해방 전까지 가요를 '계몽기' 가요로 분류했다가 해금하면서 남한 가요 최신곡 3곡을 포함시켰는데 그 안에 태진아의 〈사모곡〉, 설운도의 〈누이〉도 포함되어 있다.[51] 북한 주민들의 반응과 별도로 북한 당국의 대남 문화 정책에 방북 공연이 미친 영향을 확인할 수 있는 부분이다.

▲ 사모곡을 열창한 태진아. 사모곡은 북한에서 허용한 남한 대중가요에 포함되었다.(자료 출처 SBS. 평양 노래로 잇다)

[MBC 민족 통일 음악회]

최초로 협상 테이블에 마주 앉은 남북한의 공연 당사자

① 공연 일시

1999년 12월 20일 오후 5시(방송 12월 20일 밤 10시 50분)

② 공연 장소

평양 봉화예술극장

③ 주최 및 주관

·주최 : 남한-한겨레통일문화재단

·주관 : 남한-SN21 엔터프라이즈, 북한-조선아시아태평양평화위원회

④ 입북 경로

서울-베이징-평양

⑤ 가수 및 곡목

·남북 합창 : 반갑습니다

·남한 측(MBC)

1. 신형원 : 사람들

2. 안치환 : 마른 잎 다시 살아나

3. 신형원, 안치환 : 아침 이슬

* 사이 : 북한 청년중앙예술단 선전대 여성 5인조 악단 소개

4. 김종환 : 사랑을 위하여, 눈물 젖은 두만강

5. 오정해 : 진도아리랑

6. 현철 : 앉으나 서나 당신 생각, 홍도야 우지 마라

·북한 측(만수대예술단)

1. 박미향 : 여성 독무(장고춤)

2. 김순희외 3명 여성 : 여성 합창(행복을 닐니리)

3. 김숙녀 외 11명 : 군무(양산도)

4. 서란 : 여성 독창(봄맞이 처녀)

5. 주창혁(인민배우)외 3인 : 남성 4중창(군밤타령)

6. 김명순 : 여성 독무(발레극 돈키호테 중에서 집시춤)

·남북 합창 : 다시 만납시다

⑥ 제작

MBC, 조선중앙TV 공동 제작

⑦ 연출

·주철환(MBC PD, 남한 측)

·김일남(조선중앙TV 연출가, 북한 측)

⑧ MC

·차인태(남한)

·백승란(북한)

민족 통일 음악회의 특징

■ 세 차례의 연기 끝에 성사된 공연

MBC 내에서는 1997년부터 시사교양국의 김윤영 PD가 다큐멘터리 제작을 위해 북 측과 수차례 접촉하며 방북한 경험이 있어서 사내에서도 방송 교류 협력에 대한 관심이 무르익고 있었다. 그러나 MBC의 민족 통일 음악회의 개최는 전술한 바와 같이 국민의 정부의 적극적인 대북 포용 정책, 북한의 경제 위기, 동구권의 붕괴 후 냉전 질서가 해체되는 세계적인 질서의 변화 속에 한반도에 화해 분위기가 고조되면서 실행되었다.

과정은 순탄치 않았다. MBC는 1999년 5월부터 논의가 시작된 공연은 8월 15일 광복절 기념을 목표로 준비되었으나 연기되었고, 9월 추석 명절을 목표로 협상이 다시 진행되었지만 연기되었다. 이후 또다시 세 차례의 연기를 거듭한 끝에 12월 20일 평양 봉화예술극장에서 최종 개최하게 되었다.[52] 초기 공연진에는 조용필, 양희은, 유승준, 조성모, 김건모, 엄정화 등 당시 최고급 대중가수들이 망라되었으나,[53] 공연이 연기되면서 스케줄에 차질이 생겨 부득이 최종 명단에서 제외되었다. 마지막 방북 공연단에 포함되었던 그룹 〈코리아나〉는 선곡 문제로 북한 측과 이견이 생겨, 방북은 했으나 공연 직전 무대에 서지 못하는 우여곡절을 겪었다.

MBC의 민족 통일 음악회는 영화인 출신으로 북한과 무역을 하던 SN21의 김보애 대표가 북한의 조선아시아태평양평화위원회 측과 접촉해 기획하였다. 1999년 5월부터 물밑 접촉을 해 오다가 1999년 8월 SN21 측이 통일부로부터 '남북 협력 사업자' 및 '남북 협력 사업' 승인을 받아 구체화되었으며, 그해 11월 23일부터 5박 6일간의 일정으로 6명의 준비단이 평양을 방문하여 협의를 마쳤다.[54]

▣ 순수 대중 공연을 통한 동질성의 회복

▲ 안치환이 '마른잎 다시 살아나'를 열창하고 있다. 우측 상단에 북한동포돕기성금모금 ARS가 이색적이다.(자료 출처 MBC 민족통일음악회)

    MBC는 이데올로기를 배제한 순수 대중 공연을 목표로 공연을 기획했다. MBC가 대중 공연을 택한 것은 역시 대중문화는 대중들의 삶의 원형을 가장 솔직하고 정직하게 보여주는 요소[55]로서 남북한 대중들의 문화적 이질감을 극복하는 가장 효과적인 수단이기 때문이다. 초기 기획 단계에서 조용필, 양희은, 유승준, 김건모, 조성모, 엄정화를 섭외 대상에 넣은 것이나 현철, 김종환, 안치환, 신형원, 코리아나 등 대중 가수를 주축으로 공연단을 구성한 것도 공연이 모두 대중문화를 통한 남북한의 정서적인 소통과 이질감의 해소에 목표를 두었다는 것을 보여준다. 다만 공연의 명칭을 처음엔 '남북 대중음악제'로 제안했으나 북한 측은 '대중음악'이 소모임에서 부르는 노래를 일컬어 남한의 대중이라는 용어와 개념의 차이가 있으므로 쓸 수 없다고 반대하여 '민족 통일 음악제'로 바뀌게 되었다.

MBC는 가능한 한 북한 관객이 쉽게 수용할 수 있는 동질적인 문화를 보여줌으로써 '동질성의 회복을 통한 통일'이라는 명제를 실현하려 한 〈공감 요법〉을 활용했다. 섣부른 충격요법이 오히려 북한 관객의 정서적 반감을 불러올 수 있다는 우려에서였다. "다른 이데올로기 속에서 살아가지만 문화, 그중에서도 이데올로기는 물론 모든 벽을 넘을 수 있는 노래를 통해 내딛는 한 걸음은 대단한 것은 아닐지라도 통일로 가는 길에 초석이 되어줄 것이라고 믿었기 때문이다"[56]라는 주철환 PD의 말이나 "대중음악을 통하여 통일을 앞당길 수 있다는 믿음을 안겨주었던……[57]"이라는 남측 사회자 차인태의 말은 MBC의 공연 목표를 함축적으로 나타낸다.

한편 공연 방송 도중 ARS를 통한 '북한 동포 돕기 성금'을 모금하였는데 이것은 당시 남한 주민의 정서와 남북 방송 교류에 임하는 제작진의 취지가 반영된 것으로 보인다.

■ 실질적 합동 공연은 무산되었으나
평양에서 최초의 직접 연출을 실현하다.

북한 측에 제안한 공연 방식은 남북한의 가수가 함께 무대에 서고 북한 측이 연주를 맡는 '실질적인 합동 공연' 방식이었다. 사회도 남북한이 공동으로 진행하는 방식을 제안했다. 이를 위해 MBC는 수차례 북한 측에 가수 명단과 악보를 보내어 합의점을 도출하기 위해 노력했다. 북한 측은 남북한의 대중가수가 한 무대에 선다는 것은 있을 수 없는 일이라며 거부하여 결국 공연 시작과 함께 합창으로 〈반갑습니다〉를 부르고 공연이 끝날 때 합창으로 〈다시 만납시다〉를 부르는 것으로 대신했다. 불과 보름 전 SBS에 최초 방북 공연 기회를 빼앗겼던 MBC로서는 실질적인 '최초의 남북 합동 공연'을 통해 기록을 만회하려 했지만 무산되었다. 결국 이전 SBS의 공연과 마찬가지로 남한 가수와 북한 배우들의 공연이 따로 이루어져 다시 한 번 남북한의 거리감을 확인하는 공연이 되고 말았다.[58]

그러나 민족 통일 음악회는 남북 방송 교류사적인 면에서는 이전의 방식에서 진일보했다는 평가를 받는다. 처음 MBC는 위성 생방송을 목표로 방송을 제작하였다. 그러나 북한 측에서 관객의 귀가 시간을 이유로 일몰 이전에 공연을 마쳐야 한다고 주장해, 오후 4시~6시에 공연을 열고 당일 저녁 조선중앙방송에서 MBC로 위성으로 전송하여 밤 10시에 방송을 내보냈다. 공연 실황을 생중계하지는 않았지만 평양에서 진행된 공연을 조선중앙TV의 송출시스템을 이용해 '당일' 남한에서 방영한 첫 사례이다. 한편 북한 측 공연의 말미에 정치적 성향의 무용이 포함되었으나 서울에서는 방영되지 못하였다.

형식적으로는 조선중앙TV과 공동 연출(조선중앙TV 김일남 연출가)이었으나 실질적으로는 MBC(주철환 PD)가 연출을 맡았으며, 중계차, 8대의 TV 카메라, 조명과 음향 장비는 모두 조선중앙TV 측으로부터 임대하여 사용하였으나 기술감독도 MBC 측(방준식 기술감독)이 실질적으로 담당했다. MBC의 민족 통일 음악회는 이전 SBS의 '2000 평화 친선 음악회'와 다르게 남북한이 당사자가 되어 직접 제작한 최초의 공연으로 기록된다.

■ 북한 주민에 다가가기 위한 노력

MBC는 여러 차례의 일정 연기를 겪으며 공연 스케줄의 어려움으로 처음 참여하기로 한 조용필, 양희은, 김건모, 조성모, 엄정화가 빠지고 새로 공연진을 구성하면서, 가능한 한 다양한 노래를 선보이되 북한 주민과의 '정서적 공감대의 형성'과 '동질감 회복'을 위해 전반부에는 이른바 민중가요적 성격의 레퍼토리를 배치했다. 그룹 '코리아나'가 선정된 것은 공연의 당초 취지에 다소 벗어난 것으로 보이나, 당사자들의 강력한 방북 공연의 의지가 작용했다.[59]

그룹 '코리아나'의 공연에 대해 북한 측은 방북 전까지 문제를 제기하지 않았으나 공연 바로 전날 그들의 대표곡인 〈손에 손 잡고〉에 대해 공연 불가 방침을 통보해 왔다. 북한이 경쟁적으로 주최한 1989년의 '세계청년학생축전'과 대비되는 '88 올림픽'의 공식 가요라는 점이 걸렸던 것으로 보인다. 북한 측은 코리아나에 대해 대신 계몽기 가요인 〈황성 옛터〉와 〈타향살이〉를 불러줄 것을 추천하였지만, 코리아나의 거부로 결국 무대에 서지 못하게 되었다.

■ 치밀한 준비로 북한과의 마찰을 피하다.

MBC의 민족 통일 음악회도 공연이 열리기 직전까지 일정상 순탄치 않은 과정을 겪었으나 공연 내용에 있어서는 큰 제약을 받지 않았다. 가수(곡목) 선정에서는 MBC 측의 치밀한 준비로 그룹 〈코리아나〉를 제외하고는 북한 측과 갈등이 없었다. 공연 무대는 북한 측의 기존 것을 빌려 썼으므로 무대장치를 둘러싼 마찰이나 불협화음은 발생하지 않았다. 아울러 신세대 댄스 가수가 포함되지 않아 안무나 의상에서도 북한 측의 별다른 간섭은 없었다. 최진희가 한쪽 어깨가 드러난 다소 파격적인 의상으로 무대에 섰으나 북한 측의 제지는 받지 않았다.

침묵 속에 감추어진 반응

민족 통일 음악회를 통해 북한의 방송 제작 형식을 엿볼 수 있는데, 이는 공연 도중 자주 관객의 표정을 클로즈업하는 남한 방송사와 달리 북한 방송은 관객의 타이트한 표정을 잡는 경우가 좀처럼 드물다. 공연이 진행된 방송 시간 약 68분 30초[60]중 카메라는 주로 무대 위의 가수나 무용가에 포커스가 맞춰져 있었으며, 관객이 보인 경우는 공연자가 바뀌는 중간 시간이었는데 이 경우에도 관객석 뒤편의 카메라를 통해 극장 전체의 내부 경치와 함께 관객의 뒷모습만 비추어졌다. 관객 구성을 알 수 있는 유일한 기회는 공연이 완전히 끝나 관객들이 기립박수를 치는 시간이었으며, 앞선 '평화 친선 음악회'의 경우처럼 주로 30대~50대의 남성들과 약간의 여성 관객 중심으로 구성되어 있다. 남성들은 정장에 코트를 걸친 차림이었으며, 간혹 보이는 여성 관객들은 정장 차림이었다.

공연 도중 관객의 표정을 볼 수 있는 장면이 없어서 관객의 반응에 대한 확인은 불가능하다. 단지 공연이 끝난 직후에 장면에서는 대체로 무덤덤한 표정으로 기립박수를 치고 있어 무대 위에서 느껴졌던 특별한 감흥이나 열정은 발견하기 힘들다.

앞선 SBS의 '평화 친선 음악회'와 달리 북한 언론은 MBC 측의 공연에 대해 전혀 보도를 하지 않았다. 앞선 SBS의 공연에 대해 '로저 클린턴의 일행」은 노래와 무용, 남녀 독창 등의 종목들을 무대에 올렸다'라고 간접적으로 남한 가수들의 공연을 소식을 전한 것과 비교된다. 공연 자체의 의미보다는 정치적 의미로 로저 클린턴의 방북을 허용한 북한 당국이 그와 함께 방북한 SBS 공연단을 정치적으로 예우해 준 것으로 볼 수 있다. MBC 공연단에 대해서는 한반도를 둘러싼 국제 환경이 변화되고 있지만 아직 북한 주민들에게 남한 가수의 방북 공연을 알릴 이렇다 할 명분을 확보하지 못한 것이기 때문으로 분석된다.[61]

　MBC의 민족 통일 음악회에 대한 직·간접적인 반응을 확인할 방법이 없다. 역시 남한 공연단의 평양 공연은 제한된 공간에서 제한된 인원에게만 공개되었고 북한 채널을 통해서 실황이 중계되지도 않았다. 그러나 이때 MBC 측의 남북 문화 교류를 통한 민족 동질성의 회복이라는 진정성이 북한 실무자들에게 전달되어 2년 뒤인 2002년의 대규모 공연(2002 MBC 평양 특별 공연)을 개최하는 디딤돌이 되었다고 평가된다.

[2002 MBC 평양 특별 공연-
이미자의 평양 동백아가씨 / 오! 통일코리아][62]

시청률 90%, 두 차례의 평양 공연

① 공연 일시

· 1차 공연 〈이미자의 평양 동백아가씨〉 : 2002년 9월 27일 오후 6시 50분
~8시 20분 (남한 생중계 / 북한 28일 오후 8시 30분 녹화중계)

· 2차 공연 〈오
통일코리아〉 : 2002년 9월 29일 오후 6시 50분~8시 30분(북한 생중계 / 남
한 10월 4일 녹화중계)

② 공연 장소
동평양 대극장(1,500석 규모)

③ 주관

·남한 : MBC

·북한 : 민족화해협의회

④ 입북 경로

서울-평양 직항로(총 181명)

⑤ 가수 및 곡목

·1차 공연: 이미자의 평양 동백아가씨

1. 합창 : 반갑습니다
(북한 가요, MBC프로덕션 합창단, 조선국립민족예술단)

2. 동백아가씨

3. 아씨

4. 여자의 일생

5. 황포돛대

6. 흑산도 아가씨

7. 바닷가에서

8. 정

9. 종점

10. 가슴 아프게

11. 고향역

12. 봉선화

13. 애수의 소야곡

14. 고향설

15. 눈물 젖은 두만강

16. 나그네 설움

17. 압록강 칠백리

18. 성불사의 밤

19. 선죽교

20. 몽금포타령

21. 비오는 양산도

22. 기러기 아빠

23. 섬마을 선생

24. 합창 : 다시 만납시다 (북한 가요, MBC 프로덕션 합창단, 북한민족예술단)

·2차 공연: 오! 통일코리아

1. 최진희 : 꿈꾸는 백마강, 목포의 눈물, 홍도야 우지 마라, 휘파람(북한 가요), 사랑의 미로

2. 임웅균 : 박연폭포, 타향살이, 눈물 젖은 두만강

3. 윤도현 : 아침 이슬, 너를 보내고, 탈춤, 뱃노래, 오! 통일코리아, 아리랑

5. 합창 : 다시 만납시다(북한 가요, MBC 프로덕션 합창단, 북한민족예술단)

⑥ 방송 제작

MBC, 조선중앙TV 공동 제작(제작진 총 80명)

⑦ 기획 실무

이정식(MBC)

⑧ 연출

·방성근(MBC : 남한 측)

·김일남(조선중앙TV : 북한 측)

⑨ MC

신동호(MBC)

MBC 평양특별공연의 특징

■ 미녀 응원단은 부산, 이미자와 윤도현은 평양

방송 문화 교류는 한반도 정치 상황을 타개할 수 있는 독립 변수가 될 수도 있지만 실제로는 정치 상황의 종속 변수인 경우가 많았다. 2002년 상반기는 1월 29일 미국 부시 대통령의 '악의 축' 발언으로 한반

도를 둘러싼 국제 정세가 밝지 않았다. 특히 월드컵 기간 중 일어난 '서해교전(제2 연평해전, 6.29)'은 그동안 쌓아 온 남북관계에 찬물을 끼얹는 사건이었다. 냉각된 남북관계는 그해 7월 북한 측이 유감을 표하고 서울에서 장관급 회담을 열자고 제안하면서 반전되었다. 그 해 8월 7차 남북장관급회담에서 남북한 간의 철도·도로 연결 등 10개항의 합의가 이루어졌으며(8.14), 곧 이어 남북경제협력추진위원회 2차 회의가 서울에서 개최되었다(8.27~8.30).

민간 차원에서는 8월 15일 〈8·15 민족통일대회〉가 서울에서 열리면서 남북한 간의 다양한 교류를 견인하였다. 9월에 들어서자 제7차 남북 군사 실무 회담이 개최되어 동·서해 지구 남북 관리 구역 설정과 남과 북을 연결하는 철도·도로 작업의 군사적 보장을 위한 합의서가 채택되었고(9.17), 드디어 역사적인 경의선과 동해선 철도 연결 착공식이 열렸다(9.18). 남북한 군 당국자 간의 원활한 의사소통을 위해 남북 군 당국자 간의 직통전화도 개통되었다(9.24). 2002년 남북 관계를 상징하는 최대 이벤트는 제14회 아시아경기대회에 북측 선수단과 응원단이 참가한 사건이었다. '미녀 응원단'으로 불린 북한 응원단의 부산 방문은 남북 화해의 상징이었다. 부산아시안게임(9.29~10.14)이 열리기 직전에 MBC 공연진이 평양에서 공연을 개최하였다.

방북 공연이 너무 급작스럽게 결정되어 일부 가수들은 스케줄을 잡는 데 어려움을 겪었다. 그러나 평양 공연 자체는 이미 장기간 준비해온 행사였다. 2000년 8월 남한 언론사 사장단의 평양 방문 때 북한의 김정일 위원장이 이미자의 평양 공연을 희망한다는 의사를 MBC에 표명하여 그해 12월에 추진되었으나,[63] 방북 직전 무산된 적이 있었다.[64] 이후 〈현미·남보원이 본 평양〉(2000.8.14), 〈금강산 랠리〉(2000.8.15),

〈MBC스페셜, 춘향 평양 가다〉(2001.1.16) 등의 프로그램을 통해 MBC
는 2000년 이후 꾸준히 북한 측과 접촉하면서 신뢰를 쌓아오고 있었다.

2000년 '6.15 선언' 이전에는 대부분의 방송사들이 해외 거주 교포나
외국인들을 매개로 대북 접촉을 했지만 '6.15 선언' 이후에는 각 방송사
에 설치된 통일 관련 부서들이 나서서 직접 북한과 교류 업무를 진행했
다. 민간단체인 〈우리 민족 서로 돕기 운동〉의 협조를 얻은 'MBC 통일
방송 연구소'도 북한의 대남 사회문화 교류 업무 담당 기관인 '민족화
해협의회(이하 '민화협'으로 표기)'와 공식적으로 업무를 추진했다.

2002년 6월 평양을 방문한 MBC 통일 방송 연구소 이정식 PD는 그
해 7월 중 서울에서 남북한 여자축구 경기를 열자고 제안했다. 일제강
점기 경평축구경기의 전통을 이어받은 남북한 축구는 남북한의 화합
과 평화의 분위기를 조성하는 상징적인 이벤트였으므로 여러 단체들이
개최권을 따기 위해 경쟁하고 있었다. 그중 〈유럽코리아재단〉이 이사인
박근혜(대한민국 18대 대통령) 전 의원을 앞세워 다른 단체들의 경쟁을
물리치고 남북통일 축구 경기 개최에 대한 북한의 동의를 받아냈다.

박근혜 전 의원은 2000년 5월 11일부터 14일 까지 평양을 방문해 김
정일 위원장을 만났다. 체제 경쟁자인 김일성—박정희의 자녀인 김정일
—박근혜의 만남은 적대 관계를 해소하고 평화의 시대를 연다는 강력
한 메시지를 줄 수 있어서, 김—박 양측 모두에게 손해 볼 것 없는 이벤
트였다. 김정일 위원장은 박근혜 전 의원에게 북한 남자축구 대표팀의
통일축구경기 참가를 약속하며 방북에 대한 답례를 했다. 9월 7일 남
북한의 축구 경기는 남자 대표팀 간의 경기로 상암 월드컵 경기장에서
개최되었다.

'민화협'은 축구 경기에 공을 들이던 MBC에 대해 보상의 차원에서

이미자 방북 공연을 그해 8월에 열자고 제안했다. MBC는 이미자의 이미지 등 여러 가지 사정을 감안해 추석(9월 21일) 특집 공연을 열겠다고 대답했다. 그런데 공교롭게도 그때 KBS가 2000년 〈조선 국립 교향악단〉의 서울 공연에 대한 답례 형식으로 〈KBS 교향악단〉과 〈조선 국립 교향악단〉의 〈추석맞이 남북 교향악단 평양 합동연주회(9월 17일~22일)〉를 개최하기로 했다고 전격 발표했다. 국민들의 관심도를 고려할 경우, 추석을 맞이해 남북한 간에 두 개의 이벤트가 동시에 개최될 경우 양자 모두 득이 적었다.

2000년 12월에도 〈이미자 공연〉을 추진하다가 무산되었던 경험이 있는 MBC로서는 또다시 뼈아픈 과거의 전철을 밟을 처지에 놓이게 되었다. MBC는 일단 '추석 특집'은 KBS에 양보하여 〈이미자 공연〉을 뒤로 미루는 대신, MBC 보도진이 평양에서 9시 생방송을 진행하는 〈서울-평양 2원 생방송〉을 '민화협'에 추가로 요구했다. MBC의 이러한 입장을 이해한 '민화협'은 9월 11일부터 14일까지 MBC의 9시 뉴스 스튜디오와 평양의 조선중앙TV의 스튜디오를 연결하는 〈서울-평양 2원 생방송〉을 허용했다.

결국 MBC의 〈서울-평양 2원 생방송〉, KBS의 〈추석맞이 남북 교향악단 평양 합동연주회〉, MBC의 〈이미자, 윤도현 공연〉 순으로 최종 정리가 되었다.

■ 공감 요법과 충격요법의 조화

MBC 평양 공연은 대외적으로는 〈부산 아시아경기대회의 성공적인 개최와 남북한 화합의 장〉을 마련하기 위해[65] 기획되었다. 북한 측은 이번 공연의 개최가 아시아경기대회의 성공적인 개최를 위한 목적이라고 명시적으로 표현하지 않았지만, 부산에 미녀 응원단을 포함한 대규모 대표단을 파견해 남한의 화해의지에 화답했다.

제작진의 의도는 역시 '대중음악을 통한 남북한의 정서적 교감'이었다. 이를 위해 북한 측에 거부감 없는 가수와 레퍼토리를 선정하되(공감 요법), 우리의 문화적 정서를 가능한 한 많이 전달하려고 하였다(충격요법의 가미). 북한 가요를 포함시킨 것은 북한 측의 공감을 얻기 위한 것이고, 서로 다른 색깔의 2회 공연을 추진한 것은 북한 측의 정서를 잘 모르는 상황에서 북한 관객의 폭넓은 지지를 받기 위한 목적이었다. 한편 음악적인 측면에서 본다면 교류의 레퍼토리를 북한에서 수용하기 어려울 것이라고 생각되는 록(rock) 음악까지 포함시켰다는 데 의미가 있다.[66]

■ 최초의 북한 생방송 공연

MBC는 2회의 공연을 준비했지만 원래 2회 공연을 북한과 합의한 것은 아니었다. 하지만 방북 공연의 기회를 잡기 어려운 상황에서 한 번의 방북 행사를 통해 북한의 남녀노소를 모두 아우를 수 있는 공연 내용을 준비하자는 취지에서 2가지 버전의 공연을 준비했다. 이것은 또한 북한 당국이 한 가지 버전의 공연 내용에 문제를 제기할 경우 다른 성격의 공연을 준비하여, 공연 성사에 대한 안전판 구실도 했다. 다행히 협의 과정에 2회 공연이 모두 가능하다는 합의를 이끌어냈다.[67]

MBC는 2회 공연을 모두 남북한 동시 생방송을 할 것을 요구했다. 그러나 공연 직전까지 모든 것이 불투명했다. 이미자의 1차 공연은 남한에서 9월 27일 저녁 6시 50분부터 생방송되었으며 북한에서는 이튿날 저녁 8시 30분에 녹화 방송되었다. 남한 대중가수의 공연이 북한에 방송된 최초의 사례이다. 2차 공연은 9월 29일 저녁 6시 50분부터 북한에서 생방송되었다. 담당 PD조차 공연 당일 점심때에야 통보를 받을 정도로 갑작스러운 결정이었다.[68] 북한에서 남한 대중가수의 공연을 생방송으로 중계하는 최초의 사례이자, 북한에서 조차 공연 실황을 생방송(북한식 방송용어로는 '실황중계')으로 중계하는 드문 사례로 기록된다. 그러나 정작 MBC에서는 부산아시아경기대회 개막식 중계 관계로 5일 뒤인 10월 4일에야 방송되었다.

당초 MBC는 북한 측의 지원을 받을 수 있는 장비를 제외한 최소한의 장비만 갖추어 방북했다. 북한에서 사용하고 있지 않은 특수카메라인 지미집(zimizib)을 제외한 모든 중계차 장비와 카메라는 조선중앙TV의 장비를 임대해서 사용하였으며, 음향장비는 MBC가 전부 준비했다. 조명을 비롯한 무대장치는 MBC 측에서 디자인을 하고 북한 측이 거기에 맞춰 지원을 하기로 했으나 북한 측의 준비가 잘 되지 않아 주로 MBC가 준비해 간 것을 썼다.[69] 남북한 방송 용어가 다른 점은 시간을 다투는 방송 제작에서 가장 큰 장애 요인이었다. 공연 2일 전에 도착하였지만 출연진도 확정되지 않은 불확실한 상황, 공연과 방송 송출의 기본인 전압의 불안정성, 의사소통의 어려움[70]이 여전히 제작진을 괴롭혔으나 어렵게 찾아온 기회를 성사시키려는 남한 제작진의 진정성을 북한 측이 이해하여 공연이 성공할 수 있었다. 연출은 MBC의 방성근PD와 북한 측 조선중앙TV 연출가인 김일남의 공동 형식을 취했으나 실제 연출은 MBC의 방성근 PD가 맡았다.

■ 남북한의 모든 연령대를 아우르는 가수와 곡목 선정
2000년 12월 이미자를 비롯한 남한 가수의 평양 공연이 무산된 경험이 있는 MBC는 어렵게 온 기회에 남한의 대중 예술을 효과적으로 전달하기 위해 폭넓은 관객을 대상으로 한 공연을 준비했다. 따라서 첫째로 청장년층부터 노년에 걸쳐 폭넓은 연령대의 가수를 골고루 선정할 것, 둘째로 가능한 한 남북 모두에 불리는 노래로 선정할 것이라는 두가지 원칙을 정했다. 이런 원칙에 따라 이미자, 임웅균, 최진희, 윤도현이 선정되었다.

이미자는 남한의 대표적인 대중가수이자 꾸준히 장년층의 인기를 얻고 있는 가수로서, 대중적인 창법이 북한의 장년층에도 쉽게 어필할 것으로 보여 우선적 대상으로 결정되었다. 이미자는 어렵게 찾아온 기회에 자신의 노래뿐 아니라 남한의 대중음악을 골고루 소개하기 위해 자신의 히트곡과 함께 남한의 다른 대표 가수들의 노래도 불렀다. 아울러 정서적 교감을 위해 평양 시민이 알 만한 노래를 고르느라고 고심한 흔적이 뚜렷하다.

우선 대표곡인 〈동백아가씨〉와 〈기러기 아빠〉 및 〈섬마을 선생〉을 공연의 맨 앞뒤로 배치하고 〈아씨〉, 〈여자의 일생〉, 〈황포돛대〉, 〈흑산도 아가씨〉 등 자신의 노래를 먼저 부른 뒤 〈바닷가에서〉, 〈정〉, 〈종점〉, 〈가슴 아프게〉, 〈고향역〉 등 조용필, 남진, 나훈아 등 남한의 대표 가수들의 노래를 소개했다. 이어서 〈봉선화〉, 〈애수의 소야곡〉, 〈고향설〉, 〈눈물 젖은 두만강〉, 〈나그네 설움〉 같은 계몽기 가요를 배치했다. 특히 계몽기 가요는 남북 대중음악 사이의 접점이 되기[71]때문이다.[72] 〈압록강 칠백리〉, 〈선죽교〉, 〈성불사의 밤〉 등 북녘에 연고를 둔 노래와 〈몽금포타령〉, 〈비오는 양산도〉 등 민요를 선정한 것은 평양 관객에 다가가려는 노력의 결과이다. '엘레지의 여왕'인 이미자가 가곡이나 민요, 북한 노래를 부른 것도 매우 드문 일이었거니와, 자신의 이름을 걸고

펼친 공연에서 자신의 노래를 절반 정도밖에 부르지 못한 것도 처음[73] 일 정도였다.

최진희는 〈반갑습니다〉, 〈휘파람〉 등 북한 가요를 부른 뒤 자신의 노래를 불렀다. 최진희가 선정된 것은 1999년 SBS의 〈평화 친선 음악회〉에서와 같이 최진희의 〈사랑의 미로〉가 북한에서 개사되어 불리는 인기곡이라는 이유 때문이다. 성악가인 테너 임웅균은 남북한의 성악창법이 서로 다르지 않을 뿐 아니라, 임웅균이 대중적인 성악가여서 북한 관객에게 쉽게 접근할 수 있으리라는 기대에 따라 포함되었다. 임웅균은 성악곡으로 편곡된 〈박연폭포〉와 〈밀양아리랑〉, 성악곡인 〈목련화〉를 불렀다. 윤도현은 그의 노래가 전통적인 정서와 접목되어 있으면서도 동시에 젊은 층에게도 어필할 수 있다는 제작진의 판단에 따라 방북하게 되었다.

윤도현은 당시 북한에서 허용된 남한 가요인 〈아침이슬〉, 히트곡 〈너를 보내고〉, 그룹 '활주로' 시절의 히트곡인 〈탈춤〉을 선곡했고 북한 관객에게 다가가기 위해 예정에 없던 민요 〈뱃노래〉를 평양 현지에 가서 처음 연습해서 불렀다. 그리고 월드컵 당시 히트곡인 〈오! 필승코리아〉는 〈2002월드컵〉이라는 남한의 국가적인 행사를 상징한다는 이유로 북한 측의 반대가 심하여 〈오! 통일코리아〉로 가사를 바꾸어 불렀다.

■ 정치색을 배제하여 간섭을 최소화

형식적으로는 MBC와 조선중앙TV의 공동 연출이었지만 실질적인 연출은 MBC 측에서 담당하였다. MBC 측에서 갈등을 피하기 위해 미리 정치색을 배제하고 북한 측의 관객을 배려한 가요 위주로 곡목을 선정해, 남북한 연출자 사이의 갈등을 줄일 수 있었다. 세트와 조명 장비는 대부분 MBC에서 준비해 갔으므로 북한의 간섭을 최소화하였으나 기본적으로 북한 측 공연 시설을 이용하였으므로 완전히 자율적인 설비를 하는 데는 한계가 있었다. 출연진에 댄스 가수는 포함되지 않았으므로 안무와 의상에서 노출 문제로 북한 측이 관여할 여지가 없어졌다.

북한의 극장에서 열린 공연이었지만, MBC의 신중한 준비와 남한식 공연 장비가 부족한 북한의 여건으로 인해, 이전의 공연에 비해 간섭이 적은 훨씬 자유로운 환경에서 공연이 진행되었다. 특히 남한 가수들의 공연 장면이 여과 없이 북한의 안방에 생생히 전달된 2차 공연은 남북 방송 교류사에 새로운 이정표를 그린 획기적인 사건으로 기록된다.

관객의 적극적 반응이 아쉬웠던 〈이미자의 평양 동백아가씨〉

김정일 위원장이 관심을 갖고 있는 공연이어서 이미자에 대한 예우가 깍듯하였으며 형식적 북한의 국가원수인 김영남 최고상임위원회위원장을 비롯해 김용순 조선아시아태평양위원회위원장, 리종혁 부위원장, 강능수 문화상, 송석환 문화성부상, 양시원 조선중앙TV 위원회 부위원장 등 국가 주요 인사들이 참석했다. 따라서 관객 상당수는 문화계와 예술계 종사자들로 구성되었을 것이라는 것이 제작진의 판단[74]이다.

일반인들은 구역마다 배분된 표를 사서 관람하러 왔으며,[75] 전날 이미 표가 매진될 정도로 평양 관객들의 관심이 뜨거웠다고 한다. 그러나 당시 관객은 대부분 '김일성사회주의청년동맹'과 '민주여성동맹'의 평양 지역 초급 단체 이상 책임자와 열성자들이었으며 표를 사서 온 것이 아니라 동원되었다는 주장도 있다.[76] 날씨 관계로 남자는 양복 정장 차림이 많지만 간혹 반팔 와이셔츠를 입은 사람도 눈에 띄며, 여자는 대체로 밝은색 한복 차림이다. 연령대는 간혹 20~30대가 보이지만, 40~50대가 주를 이루어 이전 공연과 차이가 없다.

실질적으로는 MBC 측 연출자가 공연에 대한 감독권을 갖고 있었으므로 공연 중 카메라가 관객의 반응을 보여주는 시간이 이전의 다른 방북 공연에 비해서는 많았다. 따라서 관객의 반응 변화를 비교적 자세히 확인할 수 있었다. 관객의 표정이 보이는 26회의 장면 중 강한 호기심을 보이거나 밝은 표정을 짓는 경우는 8회이며 나머지 18회는 무덤덤하거나 딱딱한 반응을 보였다. 밝은 표정은 이미자의 독창이 전개되기 전 남북한의 가수들이 북한가요 〈반갑습니다〉를 합창할 때 3회, MC 멘트 도중 4회 있었으며 이미자의 독창 도중 밝은 표정을 보인 경우는 첫 곡인 〈동백아가씨〉노래가 끝난 뒤의 1회뿐이었다.

화면상 이미자의 노래는 관객의 적극적인 호응을 이끌어내지 못했다

▲ 자신의 노래뿐 아니라 남한의 대중음악을 골고루 소개하기 위해 다른 가수들의 노래도 부른, 남한의 대표 가수 이미자 (자료 출처 MBC 이미자의 평양 동백아가씨)

고 평가된다. 공연 시작 직후인 남북한 가수들이 합창을 할 즈음에는 관객들의 기대가 나타났으며 이런 분위기가 첫 곡을 부를 때까지 짧게 이어졌으나, 이후 공연이 지속되면서 관객들은 다소 무덤덤한 반응을 보인다. 통상 공연이 끝날 무렵에는 관객들의 감정이 고조되어 가장 적극적인 호응을 해 오지만, 이미자 공연이 끝날 무렵 관객들은 기계적인 호응만 해올 뿐 공연에 동화된 적극적 모습은 보이지 않는다. 그래프에서도 공연 앞부분에서는 적극적 호응을 보였으나 공연이 끝날 무렵에는 오히려 소극적인 모습으로 나타난다.

이미자의 공연이 관객의 적극적인 반응을 이끌어내지 못한 이유는 먼저 공연 외적인 사유 때문으로 분석된다. 남한 가수의 방북 공연은 북한 관객의 호응을 얻을 수 없는 태생적 한계를 지니고 있으며 이미자 공연도 예외가 아니다. 북한 주민들은 남한 가수의 공연을 보기 전 단체 교육을 통해 '자본주의식 공연에 대해 혁명성과 정치적 식견' 즉 비판적 시각으로 관람할 것을 요구 받는다.[77] 박수는 노래가 끝난 다음에 치고 환호를 질러서는 안 되며 엄격히 순서에 따르도록 지도를 받는다고 한다. 따라서 남한 가수의 방북 공연에 북한 관객이 남한에서와 같은 호응을 해오길 바라는 것은 무리이며, 북한 관객 입장에서도 부담을 느끼면서까지 남한 가수의 공연에 적극적인 감정 표현을 할 수 없을 것이다. 이런 북한 관객의 공연 태도도 이미자의 공연이 외형적으로 호응을 받지 못한 것으로 비춰진다.

이런 외적인 제약을 고려하더라도 이미자는 북한 주민들의 기대에 따른 확실한 동질의식을 확보하지 못하였으며 정반대로 차별화를 시키지도 못한 것으로 보인다. 공연이 시작되기 전, 제작진은 이미자의 노래에 대해 북한 주민들이 거부감 없이 받아들일 것으로 판단했다. 이미자 본

인도 북한 주민들에게 다가가기 위해 계몽기 가요와 북한에 연고를 둔 가요를 부르는 등 선곡에 있어 많은 노력을 기울였다. 그러나 이미자의 노래는 공연을 통해 기대만큼 북한 관객의 공감을 불러일으키지는 못했으며, 몇몇 곡목 가운데는 북한 주민의 정서에 반하는 내용이 포함되어 있어 감정적인 동화를 이끌어 내기가 어려웠던 것으로 보인다.

예를 들어 이미자가 부른 〈여자의 일생(한산도 작사, 백영호 작곡)〉은 「참을 수가 없어도 이 가슴이 아파도/ 여자이기 때문에 말 한마디 못하고/ 헤아릴 수 없는 설움 혼자 지닌 채/ 고달픈 인생길을 허덕이면서 아~ 참아야 한다기에/ 눈물로 보냅니다 여자의 일생」은 북한 입장에서 보면 여성을 지나치게 소극적이고 비극적으로 묘사한다. 아울러 〈아씨(임희재 작사, 백영호 작곡)〉「옛날에 이 길을 꽃가마 타고/ 말 탄 님 따라서 시집가던 길/ 어디선가 저만치서 뻐꾹새 구슬피 울어대던 길/ 한세상 다하여 돌아가는 길/ 저무는 하늘가엔 노을이 섧구나」의 가사도 북한 주민들의 정서와 거리감이 있다. 비록 북한에서 법과 제도가 보장하는 남녀평등 의식과 실제로 삶의 현장에서 적용되는 남녀평등이 다르긴 하지만, 여성이 고달픈 인생길을 허덕이며 눈물로 일생을 보낸다거나 시집간 여성의 생활을 뻐꾹새가 슬피 울어 섧다는 식으로 표현한 것에는 강한 거부감을 느끼지 않을 수 없을 것이다.

발성에 기교를 중시하여 상대적으로 부정확하게 들리는 남한의 창법도 가사 전달을 중시하는 북한 주민들의 동화를 끌어내는 데 한계가 있었다고 판단된다.[78] 대중들의 정서를 폭넓게 담고 있는 이미자의 노래는 남한에서 오랜 기간 꾸준히 불려왔긴 하지만 이미 전성기가 지난 가수로서 동시대 남한의 정서를 충실하게 전달하는 데도 어느 정도 한계가 있었을 것으로 보인다. 이미자의 공연에 대한 관객의 이런 반응은

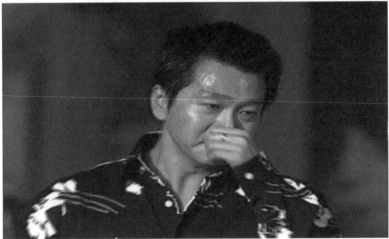

▲파격적인 창법과 공연 방식으로 북한 관객을 사로잡은 '놀새떼' 윤도현밴드.(자료 출처 MBC 오! 통일코리아)

▲생방송 도중 눈물을 참지 못하고 노래를 멈춘 사건은 북한 관객들에게 윤도현의 이미지를 깊이 각인시켰다.(자료 출처.MBC 오! 통일코리아)

2차 공연에서 윤도현에 대한 반응과 확연한 차이를 나타낸다. 이미자의 공연은 '동질 의식의 확보'와 '차별화 전략을 통한 관심 유발' 등 2가지 관점에서 모두 관객의 호응을 얻는 데 성공하지 못했다고 평가된다.[79)]

'놀새떼'에 매료된 북한 관객들

'오! 통일코리아'에 대한 관객의 반응은 전날 '이미자의 평양 동백아가씨'에 비해 훨씬 호의적이었다. 관객들은 공연의 내용을 모르고 참관한 첫날 공연에 비해 둘째 날은 이미 공연에 대한 경계심이 많이 풀렸을 것으로 추정된다. 관객의 반응을 보여준 화면 61회 중 공연에 호의적인 관객의 모습은 모두 44회에 달한다.

이날 공연에는 3명의 남한 가수가 무대에 섰으며 관객의 반응도 가수에 따라 다르다. 첫 번째 무대에 선 최진희는 지난 99년에도 방북한 경험이 있어서 비교적 여유 있는 표정으로 노래를 불렀다. 호의적인 반응이 나타난 장면은 모두 4회이지만 이전 공연에 비해서는 객석의 분위기가 훨씬 부드러워졌다. 두 번째 무대에 선 가수는 테너 임웅균인데, 파워풀한 발성, 한복 두루마기를 받쳐 입은 옷차림, 북한 관객의 정서를 고려한 선곡 등이 관객들의 호응을 얻었다. 특히 그의 흥이 있는 멘트와 무대 매너는 관객들의 긴장을 상당히 해소시켰으며, 전체 관객이 박수를 치고 폭소를 터트리기도 했다.

세 번째 등장한 윤도현은 진솔하고 재미있는 농담, 파격적인 창법과 공연 방식으로 관객과 사이에 놓인 벽을 제거했다. 전통과 맞닿아 있긴 하나 다소 전위적인 그의 창법에 북한 관객이 호감을 표시한 것은 예상 밖이었다. 특히 〈아리랑〉을 부르다 감정을 이기지 못해 노래를 중단하는 돌발 상황이 발생하였으나 북한 관객들은 의외로 격려의 박수를 보냈다. 윤도현은 방청석에서 실향민인 외할머니를 닮은 방청객을 발견하고 갑자기 목이 메어 노래를 계속 부를 수가 없었다고 한다. 생방송되는 공연이 중간에 중단되자 북한 관계자들은 상당히 당황하였으며, 이후 남한 공연에 대해서는 생방송을 하지 않기로 방침을 세웠다고 한다.

윤도현의 공연 중 관객들은 총 20회 호의적인 반응을 보였으며, 공연 말미에 눈물을 흘리는 관객도 화면에 잡혔다. 공연이 끝난 뒤 나타난 기립 박수는 객석이 무대와 소통에 성공했음을 보여주는 장면이었다. 관객 중 특히 젊은 층의 호응이 눈에 띄었는데, 이는 윤도현의 잘생긴 외모에 대한 호감과 이질적이고 신기한 외래문화에 대한 젊은 층의 관심을 반영하는 것이라고 분석된다. 그림에서 보는 것처럼 초기 그래프는 소극적 반응에서 시작되었으나 후반으로 갈수록 호응도가 높아져, 그 기조가 마지막까지 유지된다. 윤도현의 공연에 대한 관객들의 적극적인 호응이 그림에도 잘 나타난다.

여기서는 이미자에 대한 반응과 윤도현에 대한 반응을 좀 더 면밀히 검토해볼 필요가 있다. 이미자와 윤도현은 전통정서와 접목된 트로트 가수와 록(rock) 가수로서 남한에서도 상당히 대조적인 스타일이어서 북한 주민들의 반응은 향후 문화 교류에 중요한 지표를 제시한다.

1차 공연을 이미자 단독 콘서트로 꾸민 것은 가요계에서 이미자의 위상에 대한 고려와 함께 이미자의 창법과 가요 정서가 북한의 장년층이나 노년층에 쉽게 전달될 것이라는 기대 때문이었다. 이미자에 대한 직접적인 반응은 '환갑이 넘었음에도 그토록 곱고 애절한 톤을 자아내는 이미자 씨의 노래에 북한의 윤이상 음악연구소 최상일 소장이 소리가 정직해서 좋다며 찬사를 보냈다'[80]라고 하여, 일단 긍정적인 평가를 한다. 그러나 평소 이미자의 노래를 별로 들어보지 않은 데다가 북한 주민들의 입장에서 보면 가사 내용을 얼버무리는 경향[81]때문에 내용 전달에 문제가 있을 수 있음이 지적된다. 반면 윤도현에 대해서는 MBC 측에서도 공연 기획 단계에서부터 여러 가지 고민이 많았다. rock 음악에 대한 북한 관객의 반응이 미지수인 데다가 윤도현의 노래 중 당시의 히트곡이었던 〈오! 필승코리아〉에 대해 북한 당국의 어떤 반응을 보일지 알 수 없었다. 윤도현은 일단 북한 관객들에게 생소하게 보일 수 있는 자신의 노래보다는 북한 관객이 호응할 수 있는 레퍼토리를 많이 선택했다.

그러나 윤도현이 무대에 오르자 북한 관객들은 낯선 전자악단에 대해 거리를 둔 채 관찰하는 관찰자의 모습[82]을 보였다. 이런 분위기를 반전시킨 것은 윤도현이 관객들에게 자신을 남한의 오렌지족 즉, '놀새떼'로 소개한 재치 있는 무대 매너였다. 이때 관객들이 박장대소한다. 마음을 연 관객들의 갈채는 점점 뜨거워지고, 윤도현이 〈아리랑〉을 부르다 목이 메어 노리를 멈추고 눈물을 흘릴 땐 동평양 극장의 1천 5백여 관객은 물론이고 TV를 시청하던 2천 3백만 북한 동포들도 뜨거운 가슴으로 박수를 보냈다고 한다.[83] 생방송 도중 일어난 해프닝이 자칫 사고로 이어질 수 있었지만, 윤도현은 관객의 긴장을 유발하며 무난히 공연을 지속해 관객의 뇌리에 깊은 인상을 남겼다.[84]

'〈오! 통일코리아〉가 도대체 무엇을 어떻게 하자는 것인지 내용이나 의지도 없이 3분 동안 그저 같은 소리만 반복하니 도무지 난감할 수밖에 없었다'라는 반응이었지만 '사자 갈기 같은 노랑머리를 하곤 해괴한 몸짓으로 이리저리 뛰어다니는 저 젊은이들도 우리 동포구나' 하고 인정의 박수를 보냈다.[85]

그는 자신의 음악 세계이자 남한 대중문화의 현실을 가감 없이 보여주려고 노력하였고 이런 그의 진솔한 모습이 오히려 북한 관객의 공감을 얻은 것으로 보인다. 북한 주민들이 안정적인 창법으로 북한의 가수와 별반 다르지 않는 무대 매너를 지닌 이미자보다 파격적인 반주와 노래로 자유분방한 모습을 보인 윤도현을 더 많이 기억하는 이유는 남북 문화 교류를 풀어가는 방법에 대해 해법을 제시해준다고 할 것이다.[86]

북한 언론의 상세한 보도

〈2002 MBC 평양 특별 공연〉은 남한 방송사의 대중 공연으로서는 최초로 북한 신문에 구체적으로 보도되었다.[87] 노동당의 기관지인 〈로동신문〉은 MBC 방송단의 동정을 상세히 소개하며 관심을 보인 후[88] '남조선 〈문화 방송〉 공연단, 평양에서 첫 공연 진행'이라는 제목 아래 사진과 함께 그 내용을 자세히 보도했다.[89]

"〈반갑습니다〉의 노래가 울려 퍼지는 가운데 관람자들은 민족의 노래, 동포애의 노래를 안고 온 남녘 예술인들을 박수로 환영하였다. 이날 공연에는 남조선 가수 리미자가 출연하였다."라고 소개한 뒤 "민족적 정서가 넘치고 겨레에 대한 사랑과 가수의 예술적 기교를 보여주는 〈몽금포의 노래〉를 비롯한 흥취 나는 곡목들은 관중들에게 깊은 인상을 주었다."라고 소개하였다. 〈동백아가씨〉등 트로트 가요를 절반이상 부른 이미자에 대한 긍정적인 평가는 이미자 개인의 예술성에 대한 평가이자, 지난날 북한의 트로트 가요에 대한 냉혹한 평가에 대한 변화를 보여주는 것이기도 하다.

1985년 '예술공연단 교환 방문' 당시 북한은 트로트 가요에 대해서 '퇴폐적인 류행가들은 지난 시기 일본 제국주의자들이 우리 인민들의 민족의식과 계급의식을 말살하고 친일사상을 불어넣기 위해서 널리 유포시킨 노래들이다. 이와 같은 노래들이 추구하는 목적은 인간의 말초신경을 자극함으로써 인민들의 건전한 사고 체계를 마비시키고 반동적 통치자들에 대한 반항심을 없애게 하며 눈물과 탄식으로 헤어날 수 없는 절망감과 고독감에 잠기게 하는 데 있다.[90]라며 비난하고 있다. 특히 1985년 당시에는 '퇴폐적인 류행가'의 하나로 지목하며 비판하였던 〈눈물 젖은 두만강〉에 대해 "지난날 우리 인민이 짓밟힌 조국에 대한 애달픈 하소처럼 부르던 〈눈물 젖은 두만강〉 노래 선률이 장내에 울리자 관람자들은 다시는 가슴 아픈 망국의 수난사를 되풀이할 수 없다는 력사의 교훈을 절감하며 가수에게 박수를 보냈다."라고 하여 상반된 평가를 하고 있다.

〈로동신문〉은 "력사적인 6.15 공동선언의 기치 밑에 민족의 화해와 단합, 통일로 향한 진군길을 더욱 힘 있게 다그쳐 나갈 의지를 담아 열렬한 박수로 통일 노래에 화답하였다."라고 하여 이 공연과 6.15 선언을 연결시켜 보도하였다. 북한 최고인민회의 상임위원회 및 내각의 기관지인 〈민주조선〉은 MBC 공연단의 동정과 공연 내용을 〈노로동신문〉과 비슷한 비중으로 3회에 걸쳐 보도하며 관심을 표명하였다.[91]

그런데 조선중앙TV에서 생중계를 하며 관심을 표했던 2차 공연에 대해서는 〈조선예술〉[92]에서 특별한 설명 없이 남성 독창 〈아침이슬〉이라는 제목으로 '윤도현 밴드'의 공연 모습과 녀성독창 〈휘파람〉 등 단 세 장의 사진을 실었을 뿐, 북한의 다른 인쇄 매체에서는 일언반구 언급이 없다. 민요나 계몽기 가요를 제외한 남한의 대중예술에 대해서는 아직 구체적인 평가기준이 서지 않아 평가를 유보한 것으로 보이며, 이런 태도는 이후에 열린 남한 가수들의 평양 공연에서도 일관되게 나타난다.[93] 2001년 4월 '김연자의 평양 공연'에서 김연자는 〈칠갑산〉, 〈하숙생〉 같은 남한의 대중가요를 불렀는데 이에 대해서 조선예술은 6월호에서 '그의 노래형상에서 제일 주목할 만 한 것은 민족적인 정서와 감정이 짙은 것이다'라고 하여 '민족적 정서'가 있는 가요만 평가의 대상으로 삼았다. 남북한간의 문화교류가 본격적으로 시작되었지만 남한의 대중문화에 대한 시각을 정리하지 못한 북한 측의 고민이 엿보인다.

한편, 이미자의 1차 공연과 윤도현을 비롯한 남한 가수들의 2차 합동공연에 대한 북한 주민들의 직접적인 반응을 확인할 수 있는 유일한 척도는 그날 방송의 시청률이 90%[94]정도라는 사실이다. 북한에 공식적인 시청률 조사기관이 없어 이 기록이 얼마나 객관적 결과인지 확인할 방법은 없으나, 평일 북한 주민들이 시청하는 채널이 조선중앙방송밖에는 없으며 또한 남한 대중가수의 공연 중계가 처음 이루어지는 일이어서 북한 시청자들의 관심이 폭발적이었다는 점은 부인할 수 없다. 특히 윤도현에 대한 인기는 장시간 지속된 것으로 확인된다. 공연 이후 북한에서 만난 여성들은 윤도현의 잘생긴 외모, 독특한 창법이 인상에 오래 남는다고 이야기한다. 해외에 나와 있는 북한 식당의 여종업원들도 비슷한 반응이다.

[KBS 평양 노래자랑]

송해, 평양 무대에 서다!

① 공연 일시
2003년 8월 11일
(방송 일시: KBS – 2003년 8월 15일 저녁 7:30 ~ 9:00, 조선중앙TV – 날짜 미상이나 3회 방송)

② 공연 장소
평양 모란봉공원 평화정 앞 야외무대

③ 주관
남한: KBS
북한: 민족화해협의회, 조선아시아태평양평화위원회

④ 입북 경로
서울 – 베이징 – 평양을 경유하는 항공로

⑤ 가수 및 곡목
1. 합창 : 〈반갑습니다〉
2. 북한 참가자 노래
2-1. 〈내 사랑 평양〉 : 2중창, 김춘희(평양시 상업간부학교 학생)
최송미(인민대학습당 사서)
2-2. 〈우리민족 제일일세〉 : 강순옥(평양역전백화점 판매원)
2-3. 〈아리랑〉 : MC 전성희의 내레이션 + 합창

2-4. 〈영천아리랑〉 : 한영빈(삼석구역 장수원협동농장 농장원)

3. 주현미 : 〈휘파람(북한 가요)〉, 〈또 만났네요〉

4. 북한참가자 노래

4-1. 〈반월가(반달)〉 : 리군정(금성학원학생)

4-2. 〈내고향〉 : 리춘봉(모란봉구역 흥부동)

4-3. 〈동백꽃〉 : 리인숙(중앙열망사업소 노동자)

4-4. 〈준마처녀〉 : 김옥화(평양시 군중문화회관 부원)

4-5. 〈녀성은 꽃이라네〉 : 오순영(선교면직공장 노동자)

4-6. 〈험난한 풍파 넘어 다시 만나네〉 : 정리애(중구역 교구동 부양), 문숙
(평양 역전백화점 판매원)

4-7. 〈통일쌍그네〉 : 여성 4중창

4-8. 〈새날의 청춘〉 : 부부 2중창, 김성두(고려의학과학원 연구사),
김선영(평양역전백화점 판매원)

5. 송대관 : 〈네박자〉, 〈타향살이〉

6. 북한 참가자 노래

6-1. 〈고향의 봄〉 : 리근정(금성학원 학생), 최훈(금성학원 학생)

6-2. 〈평양랭면 제일이야〉 : 배숙(육해운성 부원)

6-3. 〈눈물 젖은 두만강〉 : 배숙(육해운성 부원)

6-4. 〈심장에 남는 사람〉 : 남은희(인민대학습당 사서)

6-5. 〈통일의 노래〉 : 현춘수(서포도자기원료광산 지배인)

6. 합창 : 〈우리는 하나〉, 〈다시 만납시다〉

⑥ 방송 제작
KBS와 조선중앙TV의 공동 제작

⑦기획
KBS 통일방송단 최정길 주간, 김한곤 위원

⑧ 연출

KBS : 유찬욱PD, 조성호PD

조선중앙TV : 김일남 연출가

⑨ MC

남한 : 송해

북한 : 전성희

KBS 평양 노래자랑의 특징

■ **KBS와 평양 당국, 해묵은 적대 관계를 해소하다.**

1990년대 말까지 북한은 KBS에 대해 강한 적대감을 가지고 있었다. 국가 기간 방송으로, 이전 정권이 북한에 대해 적대적인 태도를 취했던 것과 무관하지 않다. 특히 1998년 1월 5일부터 매주 월화에 걸쳐 8회 방송되었던 KBS드라마 〈진달래꽃 필 때까지〉에서 이른바 '기쁨조'를 묘사하여 북한의 권력층을 비판하였으므로 북한 측은 KBS와는 절대로 교류하지 않겠다는 입장을 보였다. 그러나 2000년 '6.15 남북 정상 회담' 이후 북한 측과 이전의 관계를 청산하고 긴밀한 협력 사업을 진행해오고 있었다. 이미 2002년 말 협의를 통해 2003년 노래자랑에 관한 제안을 하였으며 이를 바탕으로 2003년 7월 15일, 평양 노래자랑 제작 관련 합의서 및 세부 합의서를 북한의 '민화협'과 체결하였다.

이에 따라 평양을 방문한 KBS측은 북한 측과 9차례에 걸친 꾸준한 실무 협의를 거쳐서 남한 측의 곡목과 북한 측의 곡목, 사회자의 멘트,

주민 인터뷰 등에 관해서 상호 조율을 하였다. KBS측은 기존의 프로
그램의 명칭을 그대로 사용하여 〈전국 노래자랑-평양 편〉을 타이틀로
정하려 했으나 북한 측이 '혁명의 수도인 평양이 전국의 일부분으로 보
여서는 곤란하다'라며 이의를 제기해 결국 〈평양 노래자랑〉으로 결정되
었다. 2000년 이후 3년간 교류를 계속해 온 KBS와 북한의 '민화협'은
그동안의 협력 정신을 살려 큰 어려움 없이 합의를 이끌어냈다. KBS는
야외무대 공연을 관람하기 위해 100명이 넘는 참관단을 조직할 예정이
었으나, 방북 직전에 발생한 현대아산 정몽헌 회장의 사망(8월 4일)과
이로 인해 야기된 북한 측과 한나라당의 정치적 긴장 관계로 말미암아
참관단의 방북이 무산되고 실무관련 인원 25명만 방북하게 되었다.

　　KBS의 기획 의도는 공연을 통해 남한의 실상과 북한의 실상을 남북
한의 시청자들에게 가감 없이 보여주자는 것[95]이었다. KBS와 조선중
앙TV은 이미 2000년과 2002년 교향악단의 서울-평양 상호교류를 통
해 대규모 문화 예술 교류의 물꼬를 튼 바 있다. 장기간 분단 상태를 유
지한 한반도에 있어서 클래식 음악은 국제적·통시적 성격으로 인해 비
교적 양측의 정서적 접점을 찾아내기가 용이하다. 그러나 좀 더 적극적
이고 격식 없이 남북한 대중들의 문화적 현실을 보여주기 위해서는 무
대·의상·율동·가사 등 모든 부문에서 문화적 특색을 나타내는 대중음
악의 교류가 필요하다는 것이 제작진의 판단이었다.[96]

■ 마음의 문을 연 야외무대

　　KBS는 기존 프로그램의 교류야 말로 지속성을 유지할 수 있고 진정
한 남북 방송 교류의 취지를 살릴 수 있는 방안이라는 판단으로 일회
성 특집 프로그램보다는 가능한 한 기존 프로그램의 교류를 추진했다.

제작진은 기존 프로그램 중 지방의 특색을 보여주면서도 지역통합에 공이 큰 「전국 노래자랑」을 가장 적합한 프로그램으로 선정하였다. 「전국 노래자랑」이야말로 지역통합을 넘어 분단극복의 의미도 함께 구현할 수 있는 프로그램이었기 때문이었다.

KBS는 조선중앙TV 측에 야외공연을 제안하였다. 야외공연은 실내 공연에 비해 노출이 확대되며, 참가자와 방청객이 심리적으로 자유로워져서 긴장이 완화될 수 있다는 장점이 있다.[97] 방송 제작은 철저히 공동 제작의 원칙을 고수했다. 특히 KBS의 송해와 조선중앙TV의 전성희는 남북한 방송 교류 사상 실질적으로 최초의 공동 MC로서 프로그램을 진행하였다. 중계 카메라 중 일반 스탠드 카메라는 북한 카메라맨이 맡았고 숙련도가 요구되는 ENG 카메라와 지미집 카메라는 남한 카메라맨이 맡았다. 세트는 KBS에서 미리 제작하여 간 것을 설치하였으며 반주는 조선중앙TV 측에서 맡았다.

평양 노래자랑은 KBS의 기존 프로그램 포맷에 북한의 출연자와 북한의 노래가 실린 프로그램으로 명실상부 남한의 공연 문화와 북한의 공연 문화가 접목된 프로그램으로 평가된다. 따라서 북한 측이 연출한 어색한 꽃다발 전달 모습이나 공연 말미의 기계적 기립박수 등도 이런 역사적 의미를 별로 퇴색시키지 않는다.

■ 서로 다가서기 위해 노력한 남과 북

KBS는 노래자랑 참가자의 선정은 조선중앙TV 측에 일임했으나 평양시민 가운데 가능한 한 다양한 직업군이 참여할 수 있도록 요구했다. 이에 북한 측은 학생, 농장 노동자, 백화점 판매원, 광산 지배인 등 다양한 계층의 사람들을 출연시켰고 연령대도 10세부터 77세까지 다양하다. '자유로운 경쟁을 전제로 하여 장원을 뽑는 노래자랑'이라는 프로그램 본래의 의미에서는 다소 벗어났으나 '노래를 통해 통일과 평화의 메시지를 전한다'라는 남북한 제작진의 본래의 기획 의도는 충분히 반영되었다. 북한의 요구에 따라 첫 곡은 북한가요 〈반갑습니다〉, 마지막 곡은 북한가요 〈다시 만납시다〉를 부르기로 했다. 북한 측이 반드시 포함시켜야 한다고 주장한 정치색 짙은 5곡은 남한 방송 시에는 편집 과정에 삭제하는 것으로 합의를 보았다. KBS는 북한 주민들의 정서를 고려한다는 차원에서 트로트 가수인 주현미·송대관을 초청 가수로 참여시켰으며, 주현미가 북한가요 〈휘파람〉을 부르고 북한 주민이 〈눈물 젖은 두만강〉을 부르기로 남북한이 합의했다.

출연자들은 〈내 사랑 평양〉으로 지역적 특색을 선보인 뒤 〈우리 민족 제일일세〉, 〈아리랑〉, 〈영천아리랑〉 등 민족적 정서에 호소하는 노래를 불렀다. 그다음에 출연한 주현미는 북한 측과의 합의에 따라 북한가요 〈휘파람〉을 불렀으며, 이어서 자신의 히트곡으로 〈또 만났네〉를 열창했다. 다음 차례에 등장한 어린 여학생은 남한시청자를 고려해 북한에서는 〈반월가〉로 불리는 〈반달〉을 불렀다.

북한출연자가 부른 〈내고향〉, 〈동백꽃〉도 북한 노래이긴 하나 남한 시청자를 고려한 선곡이었다. 이어서 북한의 사회상을 반영하는 노래들이 소개되었다. 〈준마처녀〉, 〈녀성은 꽃이라네〉는 전통적 가치관과 노동을 통한 사회적 기여를 요구하는 상반된 북한의 시대상을 반영하는 노래이다. 〈험난한 풍파 넘어 다시 만나네〉, 〈통일그네 쌍그네〉는 통일을 지향하는 시대상을 보여주고, 부부 듀엣으로 부른 〈새날의 청춘〉도 어려움을 극복하려는 사회적 의지를 반영하는 노래이다.

송대관은 자신의 히트곡인 〈네박자〉를 먼저 불렀다. 송대관은 평소와 다르게 머리에 노란 염색을 하고 나와 짧은 시간이나마 북한 관객에게 남한 대중문화의 본모습을 전달하려고 노력하였다. 이어서 송대관은 북한 관객을 고려해 계몽기 가요 〈타향살이〉를 불렀다. 북한의 남녀 학생이 이중창으로 부른 〈고향의 봄〉과 후에 나오는 〈눈물 젖은 두만강〉은 남한의 관객을 염두에 둔 선곡이었고, 〈평양랭면 제일이야〉는 남한 방문객들에게 인기 있는 '옥류관 냉면'을 소개하는 노래이다. 한편 이번 공연에서 가장 정치적 성향의 노래로 분류되는 노래인 〈심장에 남는 사람〉도 소개되었는데, 편집 과정에서 삭제되지 않은 것은 가사 내용에 정치적 성향이 나타나지 않고 노래 자체의 예술성이 높이 평가된 것으로 보인다.[98] 〈우리는 하나〉, 〈다시 만납시다〉는 〈반갑습니다〉와 함께 남북한 공동 행사나 공연에서 북한 측이 단골로 제시하는 노래들로 분단을 극복하려는 강한 의지가 내포된 노래들이다.

▲ 자신의 히트곡인 '네박자'를 부른 송대관. 머리를 염색하고 나와 북한관객에게 남한 대중문화의 본모습을 전달하려고 노력하였다. (자료 출처 KBS 평양 노래자랑)

북한 출연자들은 가능한 정치적 성향의 선곡은 지양(止揚)하되 북한 사회의 긍정적인 모습이나 남북통일 등 북한 사회가 요구하는 시대적인 메시지를 충실하게 전달하려고 하였고, 남한 측 가수인 주현미와 송대관은 북한 시청자의 정서에 부합하되 남한 대중문화의 현실을 보여주기 위해 노력했다. 따라서 제작진의 제작방식과 남한 가수의 공연은 공감 요법의 테두리를 크게 벗어나지는 않았다.

주현미가 북한 노래 〈휘파람〉을 부르는 조건으로 북한 출연자가 〈눈물 젖은 두만강〉을 불렀다. 송대관은 선곡에 특별한 간섭을 받지 않았다. 무대장치는 KBS의 몫이었으며 특별한 간섭 없이 설치할 수 있었다. 우리 가수 두 사람이 모두 트로트 가수여서 안무에 제한을 받지는 않았다. 의상에 대한 규제는 없었으며 송대관의 헤어스타일에 대해서도 북한은 간섭을 하지 않았다.

노련한 MC가 관객을 사로잡다

평양 모란봉공원 평화정 앞에 임시로 설치한 야외무대에는 3,000명의 평양 시민이 참석한 것으로 알려졌다. 평양 시내이긴 하지만 거주지와 떨어져 있어서 모든 평양시민이 자유롭게 방청할 환경은 아니었으며, 북한 당국에 의해 선별된 인원만 참석한 것으로 추정된다. 노래자랑 출연자와 마찬가지로 관객들도 남녀노소 다양한 연령대의 사람들이 모였으며, 어린 학생들이 관객으로 참여한 것은 처음 있는 일이었다. 여성 관객은 대부분 한복을 차려 입었으나 남성 관객은 반팔 셔츠를 입은 사람이 많았다. 특이한 것은 관객 가운데에는 '재일조총련 고향 방문단'이 포함되어 있어서 이들이 객석 분위기를 돋우는 데 한몫을 했다는 점이다.

평양 노래자랑 제작은 시종일관 밝은 분위기로 진행되었으며 이날 분위기는 남자 MC의 능숙한 진행 기술에 힘입은 바 컸다. 〈평양 노래자랑〉을 송해가 사회를 본 행사로 기억하는 사람이 많다. 그만큼 이번 공연에서 MC 송해의 역할은 절대적이었다. 송해는 오랜 방송 경험을 바탕으로 자칫 경직될 수 있는 남북한의 공동 사회를 유머와 재치로 이끌어 갔다.[99] 송해는 방송 시작 후 4분여가 지나면서 "남남북녀라는 말이 있습니다. 남쪽에서 이런 미끈한 미남자가 하나 왔고, 북쪽의 대표적 미녀가 함께 서니까 잘 어울리죠?"라는 농담을 하여 관객의 폭소를 이끌어냈다. 이후 관객들은 송해가 입만 벙긋거려도 폭소를 터뜨리거나 박수를 치며 적극적 호응을 보냈다.

야외공연이라는 점도 관객의 경직성을 해소시키는 데 일조한 것으로

▲ 노련한 MC 송해가 북한 관객을 사로잡았다. 옆은 북한의 대표적 방송원 전성희(자료 출처 KBS 평양 노래자랑)

보인다. 제작진은 야외라는 공개된 마당이 시민의 자발적인 참여를 유도할 수 있으며, 심리적으로 관객의 긴장을 완화시킬 것으로 기대했는데 이런 기획 의도가 적중한 것으로 평가된다.

오프닝 직후 MC 멘트에 대해 관객들의 표정을 확인할 수 있는 장면은 모두 9회였으며, 9회 모두 호의적인 반응을 보였다. 따라서 평양 노래자랑에서 관객들은 이미 시작 단계에서부터 마음의 벽을 허물고 공연에 적극적으로 몰입하였다. 초대 가수 주현미의 공연에서 관객들의 표정이 관찰되는 장면은 모두 17회였으며, 24분 56초 경 주홍색 한복을 입은 20대 여성만 무표정하게 박수를 쳤을 뿐 나머지 16회에서는 매우 호의적인 반응이 나타났다. 특히 21분 08초에서 50대 남성 한 명은 팔을 높이 쳐들고 환호하며 박수를 보냈고, 다른 50대 남성 한 명도 적극적으로 박수를 쳤다. 초대 가수 송대관의 공연에서는 관객의 표정을 읽을 수 있는 장면이 8회이며 8회 모두 호의적인 반응이 나타났다.

평양 노래자랑은 공연 뒤 모두 3회 조선중앙TV을 통해서 방송[100]되었으나 예상외로 북한 인쇄 매체의 보도는 인색했다. 주요 일간지인 로동신문, 민주조선에서는 언급이 되지 않았다. 다만 공연이 열리고 두 달 이상이 지난 시점에 종합예술 전문지인 '조선예술'에서 사진화보란에 '8월의 모란봉에 펼쳐진 평양 노래자랑무대'라는 제목으로 특별한 사진 설명과 출연자의 이름 표기가 없이 넉 장의 사진을 실었다.[101] 그중 한 장은 남한 가수 주현미의 사진인데 단지 '남조선가수의 녀성독창 〈휘파람〉'으로 표시되어 있다. 주현미와 송대관이 각각 남한 노래 〈또 만났네요〉와 〈네 박자〉를 부른 데 대한 언급이 없는 것은 전술한 바처럼 북한 당국이 남한 대중가요에 대한 평가 기준을 세우지 못했기 때문으로 분석된다.

그런데 2010년 7월 북한의 해외 영업 식당(중국 상하이 푸둥 지역 '평양옥류식당')에서 이때 소개된 송대관의 〈네 박자〉에 맞춰 안무를 하는 공연이 진행되었다. 다른 해외지역의 북한식당 공연을 확인할 수는 없으나 평양 노래자랑 공연이 일정 정도 북한 주민들에게 영향을 미쳤음을 확인할 수 있는 증거이기도 하다.

아쉽게도 평양 노래자랑에 대한 북한 주민들의 직접적인 반응은 확인되지 않는다. 그런데 전술한 것처럼 최근 탈북자를 중심으로 조사한 '기억에 남는 남한 연예계인물'[102]에 주현미가 가장 빈도가 높으며, 송대관도 상위권에 올라와 있다. 평양 노래자랑은 조선중앙TV을 통해 3회 방송되어 '남조선의 문화라는 금기 대상을 북한 주민의 안방에 파고들게 하여 일반 가정에서도 화제와 논의의 대상으로 삼게 한 것'이라는 제작진의 자체 평가[103]가 무색하지 않음을 보여주는 증거라고 하겠다.

[SBS 류경정주영체육관 개관 기념 통일 음악회]

평양에 정주영 회장을 기념하는 체육관이 들어서다

① 공연 일시
2003년 10월 6일 저녁 6시 15분 − 7시 53분

② 공연 장소
류경정주영체육관

③ 주관
남측 : 현대아산
북측 : 조선아시아태평양평화위원회

④ 입북 경로
서울 − 평양 육로

⑤ 가수 및 곡목
1. 남한 측 가수 합창 〈반갑습니다〉
2. 이선희 〈J에게〉, 〈아름다운 강산〉
3. 설운도 〈황성옛터〉, 〈찔레꽃〉, 〈사랑의 트위스트〉
4. 그룹 신화 〈퍼펙트 맨〉
5. 그룹 베이비복스 〈우연〉
6. 조영남 〈심장에 남는 사람〉, 〈아침이슬〉
7. 테너 김동규 〈박연폭포〉
8. 조영남 김동규 듀엣 〈향수〉
(이어서 북한 측 공연 − 만수대예술단, 국립민족예술단)

⑥ 방송 제작

SBS 단독 제작

⑦ 기획

이궁, 황호형, 오기현(SBS 남북교류협력단)

⑧연출

SBS 백정렬 PD

⑨MC

남한 : 유정현 아나운서(SBS)

북한 : 전성희 방송원(조선중앙TV)

6-1. 〈고향의 봄〉 : 리근정(금성학원 학생), 최훈(금성학원 학생)

6-2. 〈평양랭면 제일이야〉 : 배숙(육해운성 부원)

6-3. 〈눈물 젖은 두만강〉 : 배숙(육해운성 부원)

6-4. 〈심장에 남는 사람〉 : 남은희(인민대학습당 사서)

6-5. 〈통일의 노래〉 : 현춘수(서포도자기원료광산 지배인)

6. 합창 : 〈우리는 하나〉, 〈다시 만납시다〉

류경정주영체육관 개관 기념 공연의 특징

■ 우여곡절의 공연

통일음악회는 현대아산의 지원으로 1999년부터 짓기 시작한 평양의 〈류경정주영체육관〉[104]의 개관을 축하하기 위해 열린 행사이다. 류경정주영체육관에 대한 명칭은 현대그룹 故정주영 회장의 남북 교류 의지를 기린다는 취지에서 2003년 2월의 협의에서 결정되었다. '류경(柳京)'

은 버드나무가 많은 평양의 별명이다.

류경정주영체육관은 2001년 완공이 목표였으나 현대 측의 경제적 어려움과 2001년 3월 정주영 회장의 사망으로 늦어졌다. 또한 2003년 1월 미국이 북한에 중유 공급을 중단하고 경수로 건설공사도 중단하겠다고 선언하자 북한이 NPT탈퇴와 제네바협약파기로 맞대응하면서 대두된, 이른바 '2차 북핵 위기'로 한반도에 긴장이 고조되면서[105] 또다시 연기되었다. 이 행사는 원래 2002년부터 현대아산 측이 KBS와 공동행사를 추진하였으나 2차 북핵 위기로 행사 주최에 부담을 느낀 KBS 측이 한 발 물러나면서 SBS가 맡게 되었다.

당시 대북 사업에 공을 들이던 '현대아산' 측의 노력으로 2003년 2월 평양에서 현대아산, SBS 측과 북한의 조선아태, 조선중앙TV이 평양에서 처음 만나 공연에 대한 전반적인 틀에 합의하였다. 당시 현대아산은 남북 교류의 상징성을 고려해 공연단의 육로 방북을 적극적으로 요구하였으며, 조선아태는 교류에 부정적인 북한군부의 반대 기류를 고려해 중국 베이징을 통한 우회 방북을 주장했다.[106] 남북 관계의 경색과 함께 장시간 표류하던 공연 논의는 그해 8월 당시 정몽헌 현대아산 회장의 자살[107]사건이 발생하자 북한 측이 현대아산의 요구를 받아들여 육로 방북을 허용하겠다고 하면서 급물살을 탔다. 이에 남한 측은 그해 9월 평양을 방문해 '체육관 개관 기념 통일 음악회'와 '남북통일 농구 대회'를 열기로 합의하고 현대아산에서 공개 모집한 관광단, 방송 제작진, 기자, 농구 행사 관계자 등 1,100명의 대규모 육로 방북을 추진했다. 북한 측은 이후 남한 측의 요구를 적극 수용하였으며 이런 분위기는 공연 개최까지 이어졌다.

SBS 제작진 입장에서는 모처럼 찾아온 남북 대중예술 교류의 중요한 기회로 생각하고, 과거 교류의 연장선상에서 남한의 대중예술을 북한 관객들에게 선보이는 장으로 활용했다. 제작진은 북한 관객과 공감대의 확산을 통한 문화적 동질성 회복을 추구하기보다는 충격요법을 통한 문화적 이질성을 확인하기 위해 북한 관객에게는 다소 생소하더라도 현재 우리 대중음악의 본 모습을 충실히 보여준다는 목적으로 가수와 선곡, 무대장치 등을 구성했다.[108]

■ SBS만의 단독 공연

SBS의 통일음악회는 1부 남한 측 공연 2부 북한 측 공연의 형식을 취하였지만 기존의 방북 공연과 달리 북한조선중앙TV과 공동 제작이 아닌 SBS만의 단독 제작이었다. 따라서 SBS는 서울에서 대규모 세트를 제작해 평양까지 수송하였으며, 이는 이동방법이 육로였기 때문에 가능한 일이었다. 방송사의 육로 방북은 이때 처음 이루어졌으며 이후에도 일절 허용되지 않았다. 북한 측이 고 정몽헌 회장의 갑작스러운 죽음으로 허용해준 측면이 크다. SBS는 남한에서 열리는 대규모 체육관 공연방식을 그대로 평양에서 재현하기로 하고 무대장치, 조명, 음향 시설을 설치했다. 한편 SBS는 공연 내용을 남한으로 위성 생중계하였다.

■ 북한 관객에게 충격을 주자!

제작진은 남한식 대중 공연을 보여준다는 취지에 따라 남한의 대표적인 가수를 섭외대상으로 정하되 북한 관객에게 충격을 줄 수 있는 아이돌 그룹, 음악성이 있는 가수를 우선 섭외 대상으로 정했다. 전형적인 충격요법을 공연에 동원하기로 했다. 그러나 방북 공연의 특성을 완전히 무시할 수 없어서 북한 관객의 정서에 맞는 가수도 적절히 안배하기로 했다. 맨 처음 섭외 대상이던 보아와 조수미는 공연이 계속 미루어지면서 스케줄이 변동되어 방북이 보류되었다. 아이돌 그룹은 신화와 베이비복스로, 음악성을 갖춘 가수는 조영남과 이선희로 결정되었다. 북한 정서를 고려해서 테너 김동규와 설운도를 선정했으며 분위

▲ 매우 짧은 스커트를 입은 여성 백댄서들이 무대에 등장하자 북한의 공연 관계자들뿐 아니라 관객들도 무척 긴장했다.

▲ 낯선 장면을 관람하는 관객들의 표정이 이채롭다

기를 돋우기 위해 설운도에게는 신나는 노래를 불러줄 것을 요청했다. 사전에 북한 측에 가수와 곡목을 통보하였으며 북한 측이 이의를 제기하지 않아 공연 내용은 쉽게 결정되었다.[109]

평양 공연에 남한 스타일의 공연을 진행한 것은 북한 관객들에게 남한 대중문화의 실상을 보여주자는 의도와 함께, TV를 시청하는 남한 시청자를 의식하지 않을 수 없는 현실적 문제가 함께 고려된 결과이다.

■ 배꼽이 나오면 곤란합니다

남한의 체육관식 공연을 고스란히 보여준다는 취지로 SBS는 기존의 공연 장비를 평양으로 수송하였으며, 북한 측은 특별한 이의를 제기하지 않았다. 공연직전 북한 측은 무대 상단 좌우에 설치된 고구려 문양이 너무 화려하여 무대에서 내려달라고 하였다. 고구려 문양의 문제를 제기한 것은 실제로 문양이 관객의 정서를 해칠 위험이 있다기보다는 북한 실무자들이 간섭의 흔적을 남기기 위한 의도적 요구인 것으로 짐작된다. 남한 측의 요구를 무조건 다 들어준 것이 아니라 적절히 제어를 했다는 명분을 남겨놓은 것이다. 관료적 성격이 몸에 밴 북한의 관리들은 어떤 일을 하든지 나중에 상부로부터 책잡힐 여지를 남기지 않는다. SBS 측에서 공연에 특별한 지장이 없는 것으로 판단해 요구를 서둘러 수용했다.

한편 베이비복스 멤버 중 한 명이 입은 노출패션을 문제 삼아서 배꼽을 가려달라는 요구하였다. 마침 가져간 천과 옷핀으로 배꼽을 가려 위기를 모면했다. 그 외에는 공연 내용에 대한 규제는 거의 없었다. 북한에 방송중계가 되지 않아 관객 이외의 북한 주민들을 의식할 필요가 없었으며, 1999년 이후 수차례 계속되어 온 남한 방송사의 방북 공연으로 인해 남한의 대중문화에 대한 나름대로의 내성이 생겨 간섭이 줄어들었던 것으로 보인다.

▲ 배꼽을 가리기 위해 붉은 천을 덧 댄 베이비복스 (자료 출처 SBS 평양 노래로 잇다)

호감과 경계 사이를 오간 북한 관객

SBS는 공연을 위해 류경정주영체육관의 정문 맞은편에 무대를 설치하였으며 평양시민 약 8천 명과 남한 측 참관단 1천여 명이 참가했다. 평양 관객은 모두 동원된 인원으로 보였으며, 무대 좌측 중간에 대남사업부서 사람도 관객으로 앉아 있는 것이 눈에 띈다.[110] 남성들은 대부분 정장 차림이고 여성들은 대부분 한복 차림이다. 이전 공연에 비해 젊은 여성들의 단체 관람이 많은 것은 지역별 동원보다는 직장 단위의 동원인 것으로 보인다.

SBS의 〈정주영 류경체육관 개관 기념 통일 음악회〉에 참석한 관객들은 공연 관람 시 당황하거나 일정한 거리를 두고 방청하는 모습을 보인다. SBS 측이 직접 공수해서 설치한 무대장치와 조명 등은 북한의 극장 무대 분위기와 사뭇 다를뿐더러 지금까지 북한 관객들이 경험한 남한 공연의 분위기와도 달랐기 때문일 것이다. 실제로 그룹 신화의 〈퍼펙트 맨〉 공연 도중 무대 전면에서 공연 효과용 불꽃이 올라오자 관객들 상당수가 소스라치게 놀랐으며, 조영남이 대본에도 없는 말을 하겠다고 하자 북한 측 관계자가 강하게 항의하기도 했다. 레퍼토리도 관객들의 눈높이에 맞추었다기보다는 가수들 자신들의 눈높이에 따라 결정되었다. 이런 상황에서 관객들의 거부반응은 충분히 예상할 수 있었다.

▲그룹 신화의 공연에서 마인(불꽃)이 처음 사용되었다.(자료 출처 SBS 평양노래로 잇다)

공연 시작 후 체육관 공연의 생경한 분위기와 다소 현란한 무대장치를 낯설어하던 관객들은 처음 등장한 이선희에 대해서는 호의적인 반응을 나타냈다. 그러나 〈J에게〉를 끝내고 〈아름다운 강산〉을 부를 때 등장한 백댄서들이 현란한 춤을 추자, 미간을 찌푸리거나 거리를 두고 관망하였다. 관객들의 긴장된 분위기는 설운도가 계몽기 가요 〈황성옛터〉와 〈찔레꽃〉을 부를 때 다소 누그러져 박수로 장단을 맞추기도 했지만, 〈사랑의 트위스트〉를 부를 때 다시 등장한 백댄서들로 인해 원점으로 되돌아갔다.

신세대 가수 신화와 베이비복스의 노래와 안무를 신기한 듯 바라보는 관객도 있지만 대부분의 관객들은 경계심을 늦추지 않았다. 어깨가 드러난 상의와 짧은 치마, 남녀가 어울려 추는 춤에 대해서는 긴장하거나 충격을 받은 모습이었다. 이런 분위기는 조영남이 등장해 북한 가요 〈심장에 남는 사람〉을 부르자 누그러지면서 비로소 웃음을 보이는 관객이 등장한다. 노래가 끝나자 열렬한 박수도 이어졌다. 〈우리의 소원〉과 함께 북한에 가장 많이 알려진 남한 가요인 〈아침 이슬〉을 부를 때는 따라 부르거나 감회에 젖어 경청하는 관객이 많았다. 북한에 연고를 둔 노래인 〈박연폭포〉를 김동규가 부를 때는 예상외로 관객들의 표정이 잠시 무덤덤하지만 김동규가 조영남과 듀엣으로 〈향수〉를 부르자 조용히 경청하는 모습이 나타난다. 북한에 알려지지 않는 노래지만 민요풍의 노래에 대한 호의적인 반응이 이어진 것으로 보인다. 관객들은 공연에 대해 '긍정과 부정' '호감과 비호감' 사이를 오가며 마지막까지 긴장을 늦추지 않는 모습이다.

SBS의 평양 공연은 결국 관객들의 직접적이고 긍정적인 호응을 이끌어내지는 못하였다. 그러나 현재 유행 중인 다양한 남한 대중음악의 실제 모습을 북한 관객들에게 선보였으며, 관객들은 경계하면서도 마지막까지 무대에서 시선을 떼지 않으며 공연을 관람했다. 결국 SBS의 〈류경정주영체육관 개관 기념 평양 공연〉은 MBC의 〈오! 통일코리아〉나 KBS의 〈전국 노래자랑〉처럼 폭발적인 호응을 이끌어내지는 못했다. 하지만 남한의 이질적인 문화를 전달하고 관객들의 관심을 이끌어내려던 제작진의 의도는 어느 정도 적중한 것으로 파악된다.

북한 언론은 공연 다음 날 진행된 '남북 통일 농구 경기 대회'와 남한 측 참관단의 동정은 사진과 함께 비교적 상세히 보도했지만 공연 내용은 일절 보도하지 않았다.[111] 민요나 계몽기 가요에 대해서는 비교적 호의적인 논평을 하지만, 공연의 구성이 북한 측이 수용하기 어려운 댄스가요와 남한의 유행가 중심이었으므로 논평을 유보한 것으로 보인다.

'류경정주영체육관 개관 기념 통일 음악회'는 남한에만 방송이 되었을 뿐 북한 지역에는 방송되지 않았다. 북한 측은 당시 현대아산의 요구를 거부할 수 없는 상황에서 결정한 공연 내용에 대해 주민들에게 직접 방송하는 데는 부담을 느꼈을 것이다. 흥미로운 현상은 이날 1부 남한 측 공연, 2부 북한 측 공연으로 구성되어 남한에 생중계되었는데, 남한 가수의 1부 공연보다 북한 측의 2부 공연 시청률이 눈에 띄게 떨어졌다. 실제로 AGB 닐슨 미디어리서치 조사에서 남한 가수가 출연한 1부 시청률은 15%, 2부 시청률은 10% 정도로 나타났다. 항상 공연의 레퍼토리가 비슷비슷한 북한의 대중예술에 대해 남한 시청자들이 식상함을 느꼈기 때문으로 보인다.

SBS [특별 기획, 조용필 평양 2005]

평양을 달군 가왕 조용필

① 공연 일시

2005년 8월 23일 저녁 6시~8시 (방송 : 당일 저녁 20:55~23:01)

② 공연 장소

평양류경정주영체육관

③ 주관

 ·남한: SBS

 ·북한: 민족화해협의회

④ 입북 경로

서울 – 평양 서해직항로

⑤ 곡목

1. 태양의 눈

2. 단발머리

3. 못 찾겠다 꾀꼬리

4. 친구여

5. 돌아와요 부산항에

6. 그 겨울의 찻집

7. 끝없는 날갯짓 하늘로

8. 꿈

9. 그리움의 불꽃

10. 어제, 오늘, 그리고

11. 한오백년

12. 간양록

13. 자존심

14. 자장가 : 북한 가요

15. 험난한 풍파 넘어 다시 만나리 : 북한 가요

16. 봉선화

17. 황성옛터

18. 미지의 세계

19. 모나리자

20. 여행을 떠나요

21. 생명

22. 꿈의 아리랑

23. 홀로 아리랑

⑥ 방송 제작

SBS

⑦ 연출

배철호(SBS PD)

▲ 2005년 조용필 평양 공연 당시, 생방송을 진행하던 필자와 SBS 윤현진 아나운서

조용필 평양 2005의 특징

■ 북한 측의 요청으로 성사된 공연

조용필 평양 공연은 2004년 7월 북한 측의 요청으로 협의가 시작되었다. 북한 측의 누구에 의해서 결정되었는지 알기 위해서는 논의의 과정을 살펴보면 확인이 가능하다. 이 행사는 두 가지 주요한 특징이 있다. 첫째는, 북한 측의 요청으로 진행되었다는 것이다. 이전에 개최되었던 남북한 간의 예술 공연들은 모두 남북한 단체나 기구의 협의를 통

해 진행되었지만, 조용필 공연만은 북한 측의 요청으로 논의가 시작되었다. 둘째는, 북한의 공식 기구가 아닌 개인 루트를 통한 요청이었다는 것이다. 조용필 공연을 처음 제안한 사람은 북한 민족경제협력련합회(이하 민경련) 베이징 부대표 직함을 갖고 있는 인사이다. 그는 베이징에서 개인 사업체를 운영하고 있고, 실제 '민경련' 사업보다는 '조선아태'나 '민화협'의 업무를 대신하고 있었다. 대북 교류를 오래 해온 사람들은 그가 김정일 위원장의 개 인자금 등을 관리하는 당 중앙위원회 재정경리부 '39호실' 사람 혹은 최측근 부서인 서기실과 관련 있는 인사로 추정한다. '민경련'은 남북예술교류와 전혀 관련이 없는 조직일 뿐만 아니라 그 역시 과거 예술 관련 업무를 수행해온 사람도 아니다. 즉, 조용필 공연은 '북한의 비공식 경로를 통한 최고위층의 요청으로 시작된 사업'이었다.

한편 조용필 평양 공연은 일곱 번 연기 끝에 성사되었다. 2004년 7월 '김일성 주석 조문 파동', 8월의 이른바 '기획 탈북자' 문제 등 정치적 상황이 악화되면서 공연 일정이 미루어진 것이다. 공연이 개최되기로 결정이 되었지만 공연단의 방북 경로와 공연 장소가 또 한 번 발목을 잡았다. 원래 조용필의 〈2005 Phil & Peace〉 공연 장비는 5톤 트럭으로 50대 분량이 된다. 그런데 수송의 어려움을 감안해 장비를 절반가량으로 줄였다. 그렇더라도 배로 수송할 경우 선적과 하역 과정에서 장비 파손의 우려가 있어서 반드시 휴전선을 경유하는 육로를 택해야 했다. 그러나 북한 측이 군사적 이유로 끝까지 휴전선 통과를 거부해 배로 수송하는 어려움을 감수할 수밖에 없었다. 선발대는 서울−베이징−평양 노선을 통해 방북했고, 본진은 인천공항에서 아시아나 전세기로 방북했다. 공연 장소 부분은 조용필이 절대로 양보할 수 없었다. 170m나 되는 〈2005 Phil & Peace〉 공연 무대를 북한 측이 요구하는 봉화예술극장에 설치하기가 불가능했다. 그나마 류경정주영체육관에서 설치할 경우에는 좌우 양측을 잘라내어야 어느 정도 정상적인 모양이 나올 수 있었다. 결국 무산의 위기까지 갔다가 북측의 동의로 류경정주영체육관 공연이 성사되었다.

■ 자신의 스타일을 고집한 조용필

조용필의 평양 공연에 대해서 SBS는 '광복 60주년 특집 프로그램'이라는 타이틀을 붙였지만, 조용필은 남북한에서 요구한 일체의 정치적인 수식을 거절했다. 평소에도 순수 음악 활동만을 고집하는 조용필은 방북 공연에 대해서 혹시 있을지 모를 논란을 차단하기 위해 더욱 철저히 정치색을 배제하고 아티스트로 보이길 원했다. 그래서 조용필은 2005년 당시 자신의 '한반도 투어' 타이틀인 〈Phil & Peace〉를 고집하여, 이번 공연을 단지 〈Phil & Peace〉의 평양 지역 투어의 의미로 한정했다. 북한 측으로 부터 공연 도중에 정치적 코멘트를 해줄 것을 요청받았지만 단호히 거절했다.

조용필은 자신의 음악 세계를 소개하러 방북을 한 것이지 북한 관객을 위문하러 가지 않았다고 밝혔다.[112] 따라서 가능한 한 서울 공연의 콘셉트를 유지했다. 이전 가수들이 북한 관객의 눈높이에 자신을 맞추었지만, 그는 남한 가수로서의 본모습을 그대로 보여주길 원했다. 조용필은 북한 관객에게 정서적 동질성을 통한 소통을 시도한 것이 아니라 문화적 충격을 통해 미래의 팬을 확보하기 위해서 방북한 것이다. 따라서 조용필 공연은 남북한 사이의 공연에서 정치적 의미가 없는 최초의 공연으로 평가된다.

조용필의 공연은 2003년 SBS의 〈류경정주영체육관 개관 기념 공연〉
과 마찬가지로 남한의 공연을 고스란히 평양으로 옮겨 진행한 것이다.
무대 세트를 비롯한 일체의 장비를 2005년 〈Phil & Peace〉 한반도 투어
장비를 사용하였다. 방송에 관련된 일체의 장비도 SBS의 것을 사용하
여, SBS 측에서는 남한 공연장의 중계방송을 단지 장소를 평양으로 옮
겨 제작한 셈이다. 공연 장비만으로도 '충격요법'에 충실한 공연이었다.

▲ 7천 명의 관객이 체육관을 가득 메운 조용필 평양 공연

공연과 방송 제작 모두 SBS 독자적으로 담당했다. 당초 SBS와 북한
의 민족화해협의회는 SBS의 중계 화면을 서울과 평양에서 각각 송출하
기로 합의했다. 그러나 조선중앙TV 측은 방송 직전 공연장인 류경정
주영체육관에 자신들의 카메라 장비를 반입하여 독자적으로 방송녹화
를 진행했다. 결국 한 공연장에서 남북한의 방송사가 동시에 중계하는
해프닝이 일어났으나 결국 북한 지역에는 방송되지 않았다.

조용필 측은 서울 공연처럼 영상과 레퍼토리의 조화를 강조하여

LED 영상에 심혈을 기울였다. 북한 주민들에게 우리의 공연 문화를 보여주자는 욕심도 작용했다.[113)

선곡에 있어서는 자신의 음악 세계를 보여주자는 일차적 목표와 함께 북한이라는 지역적 특성도 일부 고려했다. 따라서 남북이 함께 공유할 수 있는 곡목 즉, 북한 노래와 민요를 적절히 배치하였고 북한 관객들이 정서적으로 거부반응을 일으킬 가사(서울 서울 서울)나 내용(절망감을 노래한 〈꿈〉)은 미리 제외했다. 그러나 북한 가요나 계몽기 가요를 많이 불러달라는 북한의 요구는 조용필 자신의 평소 예술관과 맞지 않는다면서 거절했다.

첫 곡을 〈태양의 눈〉으로 선정한 것은 배경화면의 강력한 영상효과를 이용해 관객의 시선을 끌기 위한 것이었다. 이어서 〈단발머리〉, 〈못 찾겠다 꾀꼬리〉, 〈친구여〉, 〈돌아와요 부산항에〉를 배치한 것은 조용필의 대표곡으로 북한 주민들에게도 낯설지 않을 것이라는 기대 때문이었다. 〈끝없는 날갯짓 하늘로〉, 〈그리움의 불꽃〉, 〈어제 오늘 그리고〉는 조용필의 가수로서 음악성을 발휘할 수 있는 레퍼토리였으며, 〈한오백년〉, 〈간양록〉, 〈자존심〉은 민요적 모티브로 북한 관객과의 정서적 소통을 위해 〈자장가 : 북한 가요〉, 〈험난한 풍파 넘어 다시 만나네 : 북한 가요〉, 〈봉선화〉, 〈황성옛터〉는 북한 관객들과 친근감을 공유하는 장으로서, 그리고 〈미지의 세계〉, 〈모나리자〉, 〈여행을 떠나요〉, 〈생명〉은 관객과 음악적 공감을 확인한 뒤에 자신의 기량을 마음껏 선보이기 위해서 배치하고 〈꿈의 아리랑〉을 통해서 피날레를 장식했다.

북한 가요 〈자장가〉, 〈험난한 풍파 넘어 다시 만나네〉는 조용필 자신이 북한 가요 100여 곡을 들어본 뒤 결정한 노래로, 전자는 인류의 공통 정서와 접목된다는 이유로 후자는 자신의 음색에 맞아서 부르기 좋다는 이유로 결정되었다.

공연 방식과 레퍼토리 선정에서 조용필은 거의 간섭을 받지 않았다. 전술한 바처럼 계몽기 가요를 가능한 한 많이 불러달라는 요청과 조용필의 노래 중 〈돌아와요 부산항에〉와 〈그 겨울의 찻집〉같은 인기곡을 꼭 포함시켜달라는 요청을 받았다. 단지 11번째 가요 〈어제, 오늘〉의 배경 영상에서 북한 측이 예민하게 받아들일 수 있는 태극기와 월드컵의 그림 부분에 대해 문제를 제기했으며 가요의 의미 전달에는 지장이 없었으므로 삭제했다. 한편 공연 직전 북한 측은 무대 미술 효과에 사용될 화약을 모두 수거해 갔다. 통상 북한은 실내 공연에 화약을 사용하지 않으므로 관객의 안전을 위해 허용할 수 없다는 주장이었다.

그 밖에는 북한 측의 실무자들은 여건이 허용하는 한 모든 편의를 제공했다. 신속한 공연 장비의 반입을 위해 남포항의 세관원들은 공연장인 평양 류경체육관에 이동식 임시 세관을 설치하는 편의를 제공했다. 공연 내용에 관한 북한 측의 간섭이 가장 없는 공연으로 기록된다.

눈물과 기립박수

공연 시작 두 시간 전인 오후 4시경부터 관객들이 줄을 서서 체육관 주변에 모여들기 시작했다. 남자는 정장을, 여자는 한복을 차려입었다. 체육관의 출입구에서는 입장권을 검사했다. 전체 관람석 7,000석 중 보위부 소속 일꾼 2,000명, 통전부 소속 일꾼 2,000명, 문화성 소속 일꾼 3,000명이 참관했다. 문화성 일꾼은 북한의 음악대학교수, 대학원생, 연구원들과 가수, 배우 등으로 구성되었다고 한다. 따라서 이전의 공연 관람객들에 비해서 훨씬 세련된 모습을 보였다. 공연장 분위기도 이전의 공연보다 밝았으며, 공연이 진행되는 동안 환호성을 지르거나 따라 부르는 등 상대적으로 자유로워 관객들의 구성이 단순 동원된 주민이 아님을 짐작케 했다.

SBS는 북한 관객들의 반응을 살펴보기 위해 중계카메라 이외에 다섯 대의 6mm카메라와 한 대의 ENG카메라를 설치하였다. 중계용 카메라 가 아닌 관객의 반응만을 잡기 위한 카메라여서 관객들의 미세한 감정 변화에서 부터 정서적인 호응이 일어나는 모습이 포착되었다.

공연 초반에는 여전히 표정들은 굳어 있었다. 북한에 알려진 노래인 〈돌아와요 부산항에〉와 〈그 겨울의 찻집〉을 부를 때쯤에서 관객들의 감정이 움직이는 것이 포착되기 시작했으며, 〈꿈〉을 부를 때는 조심스 럽게 따라 하는 모습도 보였다. 조용필이 선택한 북한 가요 〈자장가〉와 〈험난한 풍파 넘어 다시 만나리〉를 부를 때는 눈물을 흘리는 관객이 나타났으며, 일제시대 가곡 〈봉선화〉와 〈황성옛터〉에서는 감정이입이 되는 장년층도 보였다. 조용필이 마지막 곡인 〈꿈의 아리랑〉을 부를 때 는 모르는 노래인데도 따라 부르는 관객들이 나타났다.

공연이 끝난 뒤 이른바 북한 관객들의 최고의 찬사라는 '기립박수'로 인해 조용필은 앵콜 곡인 〈홀로 아리랑〉을 불렀다. 관객들은 단순한 관찰자가 아니라 적극적인 참여자로 공연에 몰입하였으며, 가수와 관객 사이에 충분한 정서적 소통이 이루어졌다고 평가된다.

북한 언론들은 조용필의 방북 공연에 대해 비교적 비중 있게 보도했 다. "남조선 공연단 참관단 도착"이라는 제목아래 '조용필 가수를 비 롯한 SBS 방송 참관단이 평양에 도착했다'라는 내용을 소개하였고,[114] 공연 내용에 대해서는 사진과 함께 "독창 〈태양의 눈〉으로 시작된 공연 에서 가수는 〈친구여〉, 〈생명〉, 〈꿈의 아리랑〉 등의 독창 종목들을 무대에 올렸다. 출연자는 우리 노래들인 〈험난한 풍파 넘어 다시 만나네〉, 〈자장가〉와 〈봉선화〉, 〈황성옛터〉 등 계몽기 가요들을 감동 깊게 불러 관람자들의 박수를 받았다"115)고 전했다.

남한의 대중가요 제목을 비교적 상세히 열거한 것은 처음 있는 일로, 북한의 남한 대중 예술에 대한 태도 변화를 엿볼 수 있다. 동시에 북한 고위층이 조용필 공연 개최에 관여했다는 사실을 짐작케 하는 대목이기도 하다.116)

북한 주민의 직접적인 반응은 확인될 수 없다. 그런데 공연 직후 남한의 언론에 조용필의 공연과 관련된 재미있는 기사가 보도되어 눈길을 끌었다.117) 기사 내용은 "지난 23일 평양 류경정주영체육관에서 조용필의 공연이 열렸을 당시 고가의 암표가 나돌고 표를 구하려는 시민들이 난투극까지 벌였던 것으로 전해졌다. (중략) 관람권 배분을 담당한 내각 문화성이 관람권을 남발하는 바람에 공연 당일에는 전날 판매한 관람권을 전부 무효화하기도 했다. 특히 시장에서는 한 장에 미화 30달러(북한 원화 7만 5,000원)를 호가하는 암표가 나돌았고 그마저도 없어 구하지 못할 정도였다고 한다. 북한 노동자의 평균 월급은 4,000원이다"라고 소개하여 조용필 공연당시 일어난 현지의 열기를 구체적으로 전했다.

또 "조용필의 공연이 이처럼 성황을 이룬 것은 '친구여', '허공', '돌아와요 부산항에' 등 그의 인기곡들이 이미 북한에 많이 알려진 데다가 북한 주민의 감정과 정서에도 잘 맞아 인기를 끌고 있었기 때문"이라고 분석하고 있다. 공연 도중 조용필의 노래를 따라 하는 사람이 있다는 점도 이런 보도 내용을 입증한다고 할 것이다. 공연 당시 시민들의 반응에 대한 구체적인 설명도 시선을 끈다. "공연 중간에 비친 평양 시민들의 냉담한 표정도 사실은 북한 당국의 사전 교육 때문이었다. 공연 전날 북한 당국은 관람객들에게 박수를 세게 쳐도 안 되고, 그렇다고 성의 없이 쳐도 안 되며 점잖게 행동해야 한다고 교육한 것으로 알려졌다"라고 보도하여 북한 주민들의 반응이 상당히 절제되어 있었음을 알 수 있다. 공연에 대한 이러한 반응은 아울러 남한의 공연에 대한 북한 주민들의 일반적인 공연 태도를 가늠해 보는 잣대가 될 수 있다. 이 기사는 "북한 체제의 특성상 남쪽과 같은 열광적인 환호는 없었지만 조용필의 공연은 평양 시민들에게 아주 깊은 인상을 남겼다"라며 "앞으로 평양을 중심으로 북한 각지에서 조용필의 노래가 널리 애창될 것"이라고 예견했다.

▲ 조용필 평양 공연의 관객들 중에는 북한의 문화 예술인들이 많이 포함되어 있다.(자료 출처. SBS 평양 노래로 잇다)

남한 언론에 보도된 북한 관련 기사이므로 객관성을 검증할 방법은 없으나, 조용필 공연이 북한 주민들에게 적지 않은 관심을 끌었고 남북한의 문화 교류의 중요한 기폭제가 되었음을 알 수 있다.

7. 방북 공연을 개최할 때 고려되어야 할 기준

동질성의 회복인가, 이질성의 확인인가?

순서가 바뀌었지만, 남한 방송사들이 방북대중공연을 기획할 때 필요한 두 가지 중요한 기준이 있어서 여기서 한 번 짚어보려고 한다. 우선 방북 대중 공연의 목표가 '민족 동질성의 회복'인가, 아니면 '분단 반세기의 이질성을 확인'하기 위한 작업인가 하는 것이다. 추상적이고 불필요한 고민처럼 보이지만 이 두 가지 목표 중 어느 쪽을 택할 것인가가 매우 중요하다. 왜냐하면 위에서 보았듯이 방송사들이 방북 공연을 기획하는 과정에서 어느 쪽을 선택하느냐에 따라서 섭외하는 가수가 달라지고 공연 내용도 크게 바뀌기 때문이다.

'동질성의 회복'이란 대부분의 남북 방송 교류의 방식이자 분단 이후 남북한 양자 모두가 추구하는 목표이기도 하다. 즉 통일은 단순한 국토와 정치적 통일만으로는 완성될 수 없고 남북한의 모든 민족 구성원의 삶의 터전을 하나로 만드는 것이며, 남북한 주민들의 전반적인 삶의 양식에 있어서 동질성이 증대될 수 있도록 해야 한다고 주장한다.[118] 이를 위해 남북이 원래 한민족이었고 같은 역사와 전통을 가진 문화를 공유해왔다는 점을 재인식하여, 문화적 이질성을 가진 요소들을 되짚어보면서 서로를 이해하고 동질감을 회복해야 한다고 재차 강조하기도 한다.[119]

1989년 우리 정부가 제시한 한민족 공동체 통일 방안은 '남북 연합을 만들어 남북 간의 개방과 교류 협력을 실현하고 민족사회의 동질화와 통합의 기반을 다져나가는[120]과정이라고 해석하여 동질성의 회복을 주장하고 있다. 1990년 '남북 문화 교류 5원칙'에서는 첫째, 분단 이전의 우리 민족 전통문화를 우선 교류한다고 명시하여 '전통문화를 통한 민족 동질성의 회복'을 남북 문화 교류의 원칙으로 삼았다. 이러한 주장은 '동질성의 회복'이 단순한 주장을 넘어 당위의 문제이자 남북 관계에 임하는 하나의 진리로 자리를 잡은 것[121]으로 이해된다.

민족 동질성 회복의 근거는 남북한이 동일한 역사를 공유했다는 데 있다. 우리 민족이 하나의 국가를 이루고 살아온 역사가 천 년이 넘기 때문에 우리의 의식 속에는 민족과 국가가 일치되는 것으로 받아들여져 있고[122], 국권이 상실된 상황에서도 하나의 민족사회를 이루어 살아왔기 때문에 남북을 통합하여 하나의 민족국가를 만들어야 한다는 것이다.[123] 따라서 우리 민족이 비록 남북으로 나뉘어 살고 있지만 하나의 체제, 하나의 정부를 이루어 하나의 민족국가 사회를 건설해야 한다는 것은 우리 민족이라면 누구도 부인할 수 없는 민족적 정서[124]라는 가치관을 공유하게 되었다.

이러한 '민족 동질성 회복론'은 하나같이 문화적 부분의 동질성을 강조한다. 그런데 문화란 원래 고정된 개념이 아니라는 비판을 받아들일 경우, 동질성 회복론은 그 당위성을 잃게 된다. 사실 문화란 역동적인 삶의 과정에서 끊임없이 새롭게 구성되고 재해석되는 사회적 환경이다.[125]특히 다양한 하부문화(subculture)가 존재하는 현대사회에서 문화를 통해 어떤 문제에 대하여 일치된 인식 틀을 형성하는 것은 쉬운 일이 아니다.[126]

문화를 고정된 가치관이나 핏줄로 규정하고 '반만년의 역사를 공유하고 있는 하나의 민족'이라는 강력한 신념에 바탕을 둔 민족주의는 낭만적 민족주의일 뿐이다. 반만년의 역사라는 개념도 실은 일제시대 일본의 천황 중심의 제국주의 역사에 대항하기 위해 민족주의적 역사가들에 의해 만들어진 역사이자 하나의 저항 담론이라고 한다.[127] 실제로 일제 강점기에 만들어진 이런 추상적인 민족주의는 다양화되고 복잡한 현대사회를 파악하는 데 오히려 방해가 된다. 조한혜정·이우영은 식민지 지배를 당한 나라의 경우는 외세의 지배에서 벗어난 독립 국가를 건설한다는 의미에서 "민족적 단결"을 강조하였고, 이때 민족이라는 주체는 다른 모든 개인적·지역적·성적 주체를 넘어선 신성한 정체성의 범주로 부상하였다고 지적하였다. 그리고 진보적인 지식인들조차 근대 이전의 목가적 분위기와 문화적 고유성에 대한 향수를 북한을 통해 달래고 싶어 하지만, 이들이 북한에 보존되고 있다고 믿는 '고유문화'의 정체성은 실재하는 것이 아닌 자신이 보고 싶어 하는 가상의 것이라고 비판한다.[128]

실제로 시회주의를 표방하는 북한에는 우리가 믿는 고유한 문화가 기대만큼 존재하지 않는다는 것은 북한을 방문해본 사람이면 다 공감할 것이다. 북한에서 민족문화란 북한의 통치이념이나 김일성주석의 가계와 연계되어 있을 때만 가치가 있다. 김정일 시대 북한에서는 '민족 자주 위업, 조국 통일 위업을 힘 있게 고무 추동하는 불멸의 기치'로 '우리 민족 제일주의'를 강조하면서도 '우리 민족에게는 온 세상이 부러워하는 선군 정치가 있으며, 선군은 우리 민족끼리의 이념의 만년 초석'이라고 하여 민족주의를 선군 정치와 연결하고 있다.

따라서 남북한 사이에 동질성 회복의 기본 조건이 불분명한 상황에서 동질성 회복을 부르짖는 것은 공염불일 수밖에 없다. 과거의 동질적인 문화를 바탕으로 민족구성원 간의 폐쇄적인 연대성을 도모하던 시대는 이제 지나갔다. 전 세계적으로 정치적 이슈를 발생시키는 새로운 가치관, 종교, 예술, 유행 등이 이제는 초국가적 가치를 형성하게 되고, 이에 따라 개인은 자신이 속해 있는 정치공동체나 민족공동체의 집단적 가치와 성향을 따라가기보다는 다양한 정보를 접하면서 자신만의 고유한 문화 정체성을 확립해 간다.[129]

그렇더라도 '동질성의 회복'을 폐쇄적인 연대성을 의미하는 과거 지향적 개념으로만 치부하여서는 안 된다. 이질적 문화 공동체가 상호 이해를 통한 공존의 공간을 확보하기 위해서는 동질성의 회복이 우선 매우 유용하고 효과적인 접근방법이 될 수 있다. 즉 동질성의 회복은 이질적인 문화 공동체가 공존을 목표로 접근하고 이해하여 가는 중요한 통합의 과정이다.

이질성의 확인을 통한 재창조

남북통일 혹은 통합의 문화적 목표를 달성하기 위해서 단순히 '동질성 회복'이라는 추상적 이념에 매몰되지 않아야 한다면, 다른 어떤 이념적 목표가 설정되어야 할 것인가? 상대방과 공존을 전제로 상호 '이질성의 확인'을 통해서 새롭게 재창조되어야 하는 것이 바로 해답이라고 생각된다. 차이 자체가 갈등의 요인일 수 있지만, 이질성 자체의 존중과 이해를 통해 새로운 차원의 문화적 자원을 만들어낼 수 있다. 오히려 남북 문화의 차이는 단순히 갈등을 유발하는 단계에 머물러 있지 않으며, 북측의 문화가 남한의 예술 언어와 문화적 표현 방식에 신선한 자극과 상상력, 창의적인 발상을 제공하는 경우가 있고, 그 반대의 경우

도 가능하다.[130]

따라서 남북한 사이의 바람직한 통합은 한쪽에 의한 일방적인 '동화'가 아니라 '공존적 통합'이다. 이 작업은 문화적 상대주의가 확실하게 뿌리 내린 풍토에서 가능하다. 다시 말해서 남북한의 문화적 통합은 내부의 이질성을 있는 그대로 인정하고 그 갈등을 대응하는 힘을 마련하는 데서 시작되어야 한다. 이는 곧 '근대화'와 '자기 자신'에 대한 근원적인 성찰과 재구성 작업을 요구한다.[131] 그것은 또한 냉전 체제에서 통일 작업을 추진해 온 '단일 주체'를 해체하고 다양한 주체가 각기 자신들의 입장에서 활발하게 통일 과정에 참여하고 연대하게 될 때 비로소 가능해질 것이다. 즉 다원주의적 관점과 새로운 의사소통의 코드로 새로운 통일 공간을 열어가야 하며,[132] 그것은 한반도의 미래에 문화적 풍요로움과 창의성이 확대될 수 있는 여건을 확보해 준다.

결국 '동질성의 회복'과 '이질성의 확인'은 둘 다 방북 대중 공연의 목표로서 각자의 역할을 가지고 있다. 동질성의 회복은 통합의 과정에서 그 후유증을 최소화하고 공감대의 확산을 용이하게 하기 위해서 필요한 것이며, 이질성의 확인은 끊임없이 재해석되며 창조되는 역동적 삶의 환경에서 새로운 문화적 정체성과 가치관을 만들어 가는 데 필요한 것이다. 전자만을 고집할 경우 문화적 풍요로움은 매몰될 것이고 후자만을 강조할 경우 갈등과 부작용이 발생할 것이다. 따라서 문화교류의 단계에 따라 양자의 적절한 선택과 배합이 필요하다고 하겠다.

공감 요법이 효과적인가? 충격요법이 효과적인가?

'동질성을 회복'할 것인가, 아니면 '이질성을 확인'할 것인가 하는 공연의 목적을 달성하기 위해 취하는 제작 방식으로 '공감 요법'과 '충격요법'이 있다. 시기별, 방송사별로 방북 공연의 내용은 조금씩 다르게 나타난다. 그것은 공연 방식의 차이에서 비롯되는데, 북한 주민의 정서를 고려해 가능한 북한 주민에게 친숙한 레퍼토리로 접근하는 경우와 처음부터 우리 문화의 현재 모습을 있는 그대로 전달하는 경우로 나누어진다. 전자는 이른바 '공감 요법'으로 남한 문화를 비롯한 외래문화에 익숙하지 않은 북한 주민들과 정서적 공감대를 형성하기 위해서 북한 가요, 민요, 계몽기 가요 등의 레퍼토리를 선정하는 방식이고, 후자는 '충격요법'으로 북한 주민들의 내재적 욕구에 주목하여 북한 관객들이 진정으로 원하는 것은 남한 대중문화의 현재 모습일 것이므로, 다소 충격적일지라도 남한 대중문화의 있는 그대로를 보여주자는 주장이다.

공감 요법과 충격요법이란 방송 용어가 명확히 존재하는 것은 아니며, 공연에 따라서는 공감 요법과 충격요법을 동시에 사용하기도 하여 양자가 명확히 구분되는 것은 아니다. 그러나 방북 공연에 있어서는 연출자마다 '동질성 회복' 혹은 '충격을 통한 남한 대중문화의 소개'라는 상이한 의도를 가지고 공연을 기획하거나 제작한다는 점에서 양자의 구분은 나름대로 의미가 있다. 어떤 방식이 공연의 실제적 효과를 증대시키는지 확인하는 작업은 향후 남북 문화 교류 전반의 접근 방식을 연구하는 데 도움이 된다고 본다.

서로 상이한 이념과 체제 사이에서의 문화 예술 교류 사례는 통일 전 동서독의 사례에서 찾아볼 수 있다. 원래 동서독 사이의 문화 예술 교류는 서독 문화의 침투가 사회주의 체제를 유지·고수하는 데 역작용을 할 것이라는 동독의 우려 때문에 다른 분야에 비해서 상대적으로 늦어졌다. 즉 '양독 주민들 간의 문화의 공통성을 유지·보존시키고 생활의 질을 향상'시키려는 서독의 입장에 대해 동독은 '문화의 공통성을 부인하고 사회주의 문화의 독창성을 주장'하여 교류에 소극적 입장을 견지했다. 그나마 당시 세계 정상급이었던 연극과 클래식 음악 분야는 분단 이후에도 활발한 교류를 이어갔으나, 재즈와 팝 같은 대중음악 분야의 '공연 교류'는 독일 통일 직전에야 겨우 활성화되기 시작했다.[133]

하지만 서독의 대중음악은 라디오 방송을 통해서 동독에 일찍부터 소개되었으며, 전파를 통한 가상공간 속에서는 활발한 문화 교류가 이루어졌다. 동독의 젊은이들은 1950년대 말부터 거리나 공원에서 가방 모양의 휴대용 라디오(Koffer radio)를 들고 함께 어울려 다니며 서독 방송의 재즈와 록 음악을 청취했다. 1960년대 초에는 비틀즈의 음악이 유행하기 시작했다. 동독의 비밀경찰 슈타지는 재즈음악, 몸을 비트는 춤, 청바지나 나팔바지, 비틀즈의 헤어스타일 등이 동독 젊은이들의 정서를 해친다는 이유로 단속해 나갔다. 그러나 서방 음악에 대한 동독 젊은이들의 관심은 식을 줄 몰랐으며 라이프치히 같은 도시에서는 아마추어 재즈그룹이 속속 탄생했다. 동독 젊은이들의 서방 음악에 대한 열광을 보다 못한 동독 문화부는 1965년 10월 11일 '타락적인 서구 음악을 금지한다.'라는 지령을 발표하였으며 라이프치히 49개의 재즈그룹 중 44개의 활동을 정지시켰다. 그런데 국가의 결정에 반대하는 시위를 할 경우 엄한 처벌을 받을 것이라는 교사들의 경고가 오히려 재즈음악에 대한 학생들의 관심을 확산시켰다.[134]

동독 젊은이들은 서방음악을 통해서 장벽으로 단절된 서독세계와 연결되고 싶어 했다. 동독인들한테 서독은 바로 자유와 평등을 의미하기 때문이었다. 초콜릿 하나에도 서독상표가 붙어있으면 이것을 가진 젊은이의 자신감은 가히 하늘을 찌를 만했던 것이다.[135)

TV가 본격적으로 보급되기 시작하자 동독 국민은 누구나 서독 TV를 시청함으로써 「낮에는 동독이지만 밤에는 서독」이라는 말이 공공연히 떠돌 정도였다. 그래서 동독인들은 서독과 서방세계에서 무엇이 일어나고 있는지를 통일 전에 비교적 정확히 알고 있었으며, 서독 방송의 동독에 대한 전파는 동서독의 문화적 동질성 회복을 돕고 통합의 후유증을 최소화하는 데 기여하였다.

▲ 가방 모양의 휴대용 라디오(Kofferradio)를 들고 함께 어울려 다니며 서독 방송의 재즈와 록음악을 청취한 동독 청소년들

동독 TV는 서독 TV에 비해 너무 정치적이고 편파적이며, 천편일률적이며 지루해서 동독 주민들은 서독 TV를 훨씬 선호했다. 동독 TV는 SECAM 방식으로서 PAL 방식인 서독 TV와 송출 방식이 다르지만, 일반 전기 상점에서 구입한 간단한 Decoder를 설치하면 서독 프로그램 시청이 가능했다.[136) 또한 동서독의 긴 경계선은 동독 주민들이 서독

TV를 시청하는 데 유리하게 작용했다. 동독의 주민들은 서독과 경계에서 멀리 떨어져 서독 TV를 시청할 수 없는 작센의 드레스덴 지역을 '무지의 계곡'이라고 부르며 이사 가기를 꺼릴 정도였다.[137) 138)]TV만이 동독 주민들이 통제받지 않고 사용할 수 있었던 유일한 서독산 제품이었으며,[139)] 대형 공동 안테나를 설치할 경우 케이블을 통해 위성방송 수신까지 가능했으며,[140)] 동독인들의 서독 방송 시청률은 70%~90%나 될 정도로 높았다.[141)]

동독은 방송이 자유와 민주화의 바람을 전달하는 매체임을 익히 알고 동독주민의 서독 방송 청취를 법적으로 금지시키거나 기술적으로 온갖 수단을 동원해 막았다. 그 예로 동독은 청소년조직인 FDJ(Freie Deutsche Jugend, 자유독일청년단)를 동원해 서독으로 향하는 안테나 철거 운동을 벌이고, 공산당 체제 유지의 강력한 무기였던 형법 규정을 임의로 적용하여 단속하기도 하였다. 아울러 방해전파를 발사하여 기술적으로 서독TV 시청을 방해하려고 시도했다. 그러나 이러한 통제 조치들은 오히려 동독 주민들의 동독 지도부에 대한 반감만 증폭시키고 정치적인 불안정을 조장하였다.

이렇게 되자 동독 정부는 주민들의 서독 TV 시청을 묵인하면서 동독 TV의 시청률을 높이기 위해 TV 프로그램을 개선하는 쪽으로 정책 전환을 하였다.[142)] 이때 서독의 오락 방송이 동독으로 전파되는 호기를 맞게 된다. 동독 주민들의 동독 방송에 대한 신뢰도와 선호도가 폭락을 하게 되고 서독의 시사·정보 프로그램뿐 아니라 오락 프로그램이 강세를 보이자, 동독 방송은 편성과 방송 내용의 대대적인 개편으로 대응한 것이다. 동독 방송은 오락 프로그램 속에도 인간을 정치적으로나 도덕적으로 교화시킬 수 있는 사회주의의 당위성이 있다는 이른바 '오

락의 변증법'을 표방하였다.[143]

즉 오락 프로에 대한 시청자들의 욕구가 커지자 호네커는 제8차 전당
대회에서 "시청자가 지루함을 덜 수 있도록 훌륭한 오락물을 더 많이
넣을 것"을 강조하였으며 그 후 동독 당국은 서독 제2TV(ZDF)의 Hit-
parade를 모방하여 팝뮤직 스튜디오를 편성하였다. 아울러 80년 초부
터는 주민들의 탈정치화를 조작하기 위해 서방 측의 인기 오락물을 수
입하였으며,[144] 서독과 TV프로그램 공동 제작에 적극 협력하기도 했
다. 이런 프로그램 경쟁은 결국 동독 당국이 자기 나라에 자유와 민주
화의 바람을 스스로 불어넣는 결과를 초래했다.[145] 동독 당국이 TV의
기능 중 탈정치화 역할에 대해서만 주목했지, TV가 분단 상황에서 우
월한 체제를 동경하게 하는 의사 형성의 통로가 된다는 점에 대해서는
과소평가하였기 때문이다. 이것은 1985년 미국 뉴욕의 브롱스(Bronx)
의 비참함을 보여주기 위해 수입, 방영했던 〈Beat Street〉라는 영화가
오히려 동독의 브레이크댄스 붐을 일으킨 계기를 만든 것과 같은 현상
이다. TV는 동독인들이 서독인의 생활 방식을 따라하게 하여 1989년
동독 주민들의 서독탈출과 시위 등 혁명적인 변화를 부추기는 촉매제
역할을 하였다.

있는 그대로의 모습의 위력

여기서 확인되는 중요한 사실은 서독방송들이 특별히 동독인들을 겨
냥한 프로그램을 제작하거나 편성하지 않았다는 점이다. 동독인들이
서독 TV 방송에서 본 것은 서독인들을 위한 보통의 정규 방송 프로그
램이었으며, 국가적 프로파간다에 의해 조작되거나 의도적인 해설이 포

함되지 않았다. 이런 이유로 동독의 시청자들은 서독의 시청자들과 동일한 입장에서 서독 TV를 시청할 수 있었다.[146] 즉 서독의 방송사들이 분단국 주민들의 문화적 통합을 용이하게 달성하기 위해 '공감 요법'을 동원해 동독의 시청자들을 인위적으로 끌어들이지는 않았다. 오히려 '분단국 주민들의 정서적 공감 여부와 상관없이 자신들의 문화적 현실을 여과 없이 보여주는' 이른바 '충격요법'을 사용하였다.

특이한 점은 한 여론조사에서는 동독 주민들의 71%가 서독 방송의 광고를 즐겨보는 것으로 나타났는데, 이는 동독에서 물자 부족에 대한 보상 심리가 많이 작용한 것으로 보인다.[147] 서독의 대독 심리전을 담당했던 오르트빈 부흐벤더 예비역 대령은 실제로 정부가 실시한 심리전보다 더 큰 효과를 발휘한 것이 TV 광고였다고 증언한다.[148] 광고에는 당시 서독인의 생활상이 담겨있으며, 그것을 보여주는 것이 가장 강력한 심리전 무기였다.

동독의 주민들은 TV를 통해 서독인들의 실제 살아가는 모습을 그대로 시청하였으며, 자신들에게 긍정적인 내용과 부정적인 내용을 동시에 접하였다. 서독의 대중문화가 사회주의적 정서에 맞지 않고 충격적일지라도 있는 그대로의 모습을 보며 즐겼다. 서독정부의 대동독 방송 정책은 국경을 초월하는 '문화민족(Kulturnation)'의 개념을 바탕으로 양독간 문화적 동질성 유지를 목표[149]로 전개되었으므로 표면적으로는 '공감 요법'을 활용한 것처럼 보인다. 그러나 동독 주민의 마음을 진정으로 움직인 것은 동독을 의식하지 않은 서독 방송사의 차별 없는 방송 내용이었다. 처음에는 문화적 충격으로 인해 다소간의 상처를 줄지라도 자신의 실제 모습을 솔직히 보여줌으로써 상대의 경계를 무너뜨리고 자신의 진정성을 이해하게 만들었던 것이다.

방북 공연의 성격 분석

다시 우리 프로그램으로 돌아와 보자. 1999년 〈SBS 평화 친선 음악회〉는 최초의 남한 방송사의 방북 공연이었지만 과감하게 '충격요법'을 통해 '이질성을 확인'시켜준 프로그램이었다. 이질적 공연 문화에 대해 관객들의 반응은 무덤덤했지만 남북한 대중문화의 차이를 확실히 보여주었다.

1999년 MBC의 〈민족 통일 음악회〉는 불과 몇 날 뒤에 개최되었음에도 불구하고, '이데올로기를 배제한 순수 대중 공연 예술을 통한 동질성의 회복'이라는 기획의도에서 보듯이 '공감 요법'을 통해서 '동질성 회복'을 목표로 진행했다. 분단 반세기를 뛰어넘어 북한 관객의 공감을 유도하기 위한 레퍼토리를 배치한 노력이 확연히 보인다.

2002년 MBC의 〈이미자의 평양 동백아가씨〉와 〈오! 통일코리아〉는 '공감 요법'과 '충격요법'을 적절히 안배해 '동질성의 회복'과 '이질성의 확인'을 동시에 추구했다. 제작진이 남북한의 모든 세대를 아우르는 가수와 곡목을 선정했다고 밝혔듯이 두 번의 공연을 통해 남한 대중문화의 진면목을 보여주려고 시도했다. 가요의 성격상 대척점에 서는 이미자와 윤도현을 선정한 것은 제작진의 이런 의도를 충실히 보여준다. 2003년 〈KBS 평양 노래자랑〉은 북한의 출연자들 모습에서 볼 수 있듯이 철저히 '공감 요법'을 통한 '동질성의 추구'이다. 송대관, 주현미도 남한에서 주로 중년층을 타깃으로 활동하는 가수라는 점에서, 북한의 중년층에 남아있는 공통의 정서를 의식한 섭외로 보여진다. 공연장의 화기애애한 분위기는 '공감 요법'을 통한 '동질성의 회복'이 관객의 호응을 용이하게 이끌어낼 수 있음을 증명한다.2003년 SBS의 〈류경정주영체육관 개관기념 공연〉은 체육관이라는 공연 장소뿐 아니라 공연 내용도 〈충격요법〉을 통해 이질성을 충실히 확인시켜주었다. 댄스 가수인 그룹 신화와 베이비복스뿐 아니라 '상하이 트위스트'를 부른 설운도도 철저히 남한 스타일의 공연을 보여주었다. 북한 가요 〈심장에 남는 사람〉을 선택한 조영남도 창법은 그 자신의 것을 선택해 북한 관객을 당황하게 했다.

2005년 SBS의 〈조용필 평양 공연〉은 자신의 공연 스타일을 고수한 조용필의 의도대로 '충격요법'을 동원해 이질성을 확인시켜준 공연이었다. 조용필은 23곡의 가요 중 민요 2곡, 북한 가요 2곡, 가곡 1곡, 민중가요 1곡 등을 안배해 나름대로 북한 관객의 정서적 동질성에 호소하기 위해 노력했다. 그러나 민요 '간양록'과 '한오백년', 그리고 가곡 '봉선화'는 조용필의 완전히 창법으로 바뀐 노래이다. 아울러 북한 가요 2곡도 북한에서 잘 알려진 노래라기보다는 조용필의 창법에 맞아서 선곡되었다. 민중가요인 '홀로아리랑'은 공연 하루 전날 북한 측의 요청으로 선곡된 것이다. 결국 조용필은 '공감 요법'보다는 '충격요법'을, '동질성 회복'보다는 '이질성 확인'을 선택했다고 판단된다.

제4장.

남북한 대중문화의
교류와 방향

K-POP의 포용성

모란봉 악단이 등장한 직접적인 배경에는 '음악정치'라는 북한 고유의 정치적 환경이 있지만, 공연의 내용 중에는 1999년 이후 진행되어 온 남북한 대중문화 교류의 영향이 포함되어있다는 것을 구체적 사례를 통해 확인했다. 6~7년 동안 남한의 지상파 TV 방송에 의해 활발히 진행되어 온 남북한의 문화교류는 2005년 이후 중단 상태에 있다.하지만 최근 들어 동아시아뿐 아니라 전 세계로 확산일로에 있는 K-POP을 비롯한 한류는 남북 대중문화 교류의 새로운 가능성을 보여주고 있다. 한국 대중문화에 대해 인색할 것으로 여겨졌던 일본, 사회주의국가인 중국, 한국과 문화 교류 경험이 거의 없었던 동남아, 그리고 완전히 이질적인 사회적 환경을 보유한 유럽과 남미에 이르기까지 한류의 소구력과 파괴력은 가히 경이적이다.2013년 8월 말, 취재차 독일 남부의 작은 도시 튀빙겐(Tuebingen)을 방문했을 때 일이다. 점심때가 되어 도심을 흐르는 작은 도랑 노이에아머(Neuer Amer) 옆 노천식당의 테이블에 자리를 잡았다. 그때 여종업원이 다가와서 "뭘 주문하시겠어요?"라고 인사를 했다. 순간적으로 우리 제작진은 잘못 들은 걸로 생각하고 대답 대신 20대 초반의 그녀를 쳐다보기만 했다. 그러자 그녀가 재차 "뭘 주문하시겠어요?"라고 말했다. 그때서야 착오가 아닌 걸 안 우리는 그녀에게 주문 대신 어떻게 한국말을 배웠는지 물었다.튀빙겐 대학 한국어학과를 졸업한 그녀(이름이 기억나지 않는다)는 서울 여의도의 한 호텔에서 1년간 일했다고 한다. 그런데 그녀가 한국어를 공부하기 시작한 이유는 바로 K-POP 때문. K-POP이 좋아 대학에서 한국어를 공부하고 졸업과 함께 바로 한국으로 날아갔다. 그러나 한국어만으로는 생계가 힘들어서 독일로 돌아온 그녀는 지금은 식당 아르바이트를 하며 컴퓨터를 배운다고 했다. 한국어 공부가 취업에 큰 도움이 안 된다는 얘기가 안타깝긴 했지만, 예상치 않은 곳에서 한국어를 쓸 줄 아는 이방인을 만난 것이 흥미로웠다. 독일의 전통요리인 '카르토펠 살라트(감자 샐러드)'를 주문한 우리는 그녀와 좀 더 이야기하고 싶었지만, 주인 눈치를 보는 그녀에게 미안해서 대화를 중단하고 점심만 먹고 돌아왔다.

K-POP의 특징은 단순하고 경쾌한 리듬, 따라 부르기 쉬운 멜로디, 흥미로운 노랫말, 뛰어난 실력의 그룹 댄스라고 한다.[150] 가수들이 중고등학교 때부터 훈련을 잘 받아 모두 춤과 노래가 뛰어나고, 엄격한 단체 생활로 예의 바르고 친화력이 있으며, 예쁘고 잘생긴 외모와 세련된 패션도 K-POP의 특징이다. 음악성이 뛰어나고 시각적인 즐거움을 주는 K-POP은 온라인 커뮤니티의 발전과 함께 순식간에 전 세계로 퍼져 나갔다. K-POP은 이제 지구촌 어디에서도 들을 수 있고, 전 세계인 누구도 좋아하는 대중 예술이 되었다.

이렇게 이질적 문화 토양에 뿌리를 내리고 수만 km의 공간을 넘어 문화적 향기를 전하는 K-POP의 위력이라면 휴전선의 견고한 철책을 통과하는 것이 불가능하지 않을 것이다. 북한이라고 예외일 수는 없다. 그 구체적 가능성은 북한의 지도층에서 나타난다. 그 사례를 보자.

싱가포르에 나타난 김정철

　몇 년 전 싱가포르에 나타난 북한 김정일 위원장의 차남 김정철이 화제가 됐다. 2011년 2월 14일, 록(rock) 가수이자 기타리스트인 '에릭 클랩튼(Eric Clapton)'의 공연을 보기 위해서 수행원들과 싱가포르 실내 스타디움에 얼굴을 보인 것이다. 3대 세습의 성패 여부에 나라 안팎의 관심이 집중된 시점에, 김정은의 형이 외국에 모습을 드러내자 언론들은 그의 일거수일투족을 따라잡았다. 여러 가지 분석과 추측성 기사가 쏟아지고, 만약 북한 주민들이 알면 위화감 때문에 반발이 적지 않을 것이라는 예측도 나왔다.

▲ 싱가포르 '에릭 클랩턴(Eric Clapton)'의 공연을 보기 위해서 수행원들과 싱가포르에 나타난 김정철(자료 출처 SBS뉴스. 2011.2.16)

　북한 주민들에게 김정철의 외유 소식이 전해졌는지 알 수 없지만, 북한의 내부 비판에 앞서 우리 언론들의 시선은 무척 차가웠다. 그 아버지에 그 아들, 북한의 주민들은 밥 먹기도 힘든데 웬 철부지 행동이냐는 반응이었다. 전 세계를 향해 식량을 지원해달라고 손을 벌리는 상황에서 최고급 좌석을 예약할 돈은 도대체 어디서 나왔는지 궁금하며, 굶주린 사람들을 먹여 살려야 할 돈을 저렇게 펑펑 쓰는 것은 비극이 아니라 차라리 희극이라는 지적도 있었다. 공연장 인근의 고급 쇼핑몰에서 다이아몬드를 구입했다는 확인되지 않은 보도는 김정철의 부정적 인상을 더욱 부각시켰다.반복되는 기아를 외국의 지원을 통해 해결하는 최빈국 지도자의 아들이 비싼 외화를 써 가며 외국 가수의 공연을 찾아다닌 행동은 도리에 맞지 않는다. 외부의 비판이 다소 과장된 측면이 있다고 해서 북한의 굶주린 현실과 지도층의 사치스러운 행동이 정당화될 수 없다. 주민의 기아와 가난, 그리고 지도층의 분에 넘치는 사치스러운 생활은 북한의 현실이고 본질이기 때문이다.그렇다고 그를 비난함으로써 우리의 분노 욕구만을 충족시키고 있어서는 안 될 것이다. 60년 동안 돌파구를 찾지 못하고 있는 분단국가의 국민이라면, 가능한 한 냉정하고 객관적인 시각으로 화해와 교류의 실마리를 구하는 것이 바람직한 자세이다. 특히 김정철이 단순히 보통의 철없는 북한 청년이 아닌 이상, 그의 행보를 통해 북한을 이해하고 남북 관계를 풀어가는 지혜가 필요하겠다.

음악은 국경 없는 언어이다. 특히 록은 60~70년대 당시 젊은이들의 반항 의식을 반영한 음악이다. 이전의 모든 대중음악을 통합하고 일렉트릭 기타와 드럼 등을 통해 발산된 강력한 사운드는 전 세계 젊은이들의 가슴을 파고들었다. 엘비스 프레슬리(Elvis Presley), 비틀즈(Beatles), 롤링 스톤즈(Rolling Stones), 밥 딜런(Bob Dylan), 레드 제플린(Led

Zeppelin)으로 이어진 록 음악은 시대상을 반영하며 다양한 형태로 그 생명을 이어갔다. 에릭 클랩튼의 통기타 연주는 한반도 북쪽에 살고 있는 한 청년의 가슴속에 뜨거운 불을 지폈으며, 그를 싱가포르 실내 스타디움까지 불러들였다. 그 감흥을 혼자만 누리기 싫었던 그는 여동생 김여정 등 또래의 남녀 몇 명과 동행했을 것이다.

세계의 모든 젊은이가 공유하는 정서의 공감대에 그의 가슴도 닿아 있다. 만약 그가 인민복 차림으로 쿠바에서 열린 '사회주의 군가 경연 대회(있는지 모르겠지만)'에 일행과 함께 참석했다면 그 의미는 크게 퇴색되었을 것이다. 자신이 좋아하는 록 가수를 찾아 싱가포르에 나타난 김정철은 그 순간에는 우리 시대를 살아가는 보통 젊은이다. 캐주얼 차림에 피어싱까지 한 모습은 그래서 기특하기까지 하다.분단을 뛰어넘어 남북한 60년의 간극을 메우기 위해서는 상대방에 대한 정서적 신뢰감이 중요하다. 정서적 신뢰감은 다양한 문화적 소통을 통해 형성된다. 평양의 록 마니아 김정철의 등장은 한반도 젊은이들 사이의 문화적 소통 가능성을 보여준 것이며, 남북한의 치열한 대결구도 속에서 보여준 한 줄기 희망의 빛이기도 하다.

송혜교 머리를 압니까?

"진짜 한국 탤런트의 이름을 알고 있습니까?"

"미장원 가면 일부러 남이 들으라고 크게 외치진 않지만, 조용히 '송혜교 머리 해 주세요.'라고 합니다." 2012년 말 한국으로 넘어 온 28세의 평양 출신 여성은 언론의 보도 내용에 의구심을 갖는 필자의 질문에 단호하게 대답했다. 평양의 젊은이들 사이에 남한의 연예인을 흉내내는 패션이 실제로 유행한다는 것이다.

2000년대 초반 〈모래시계〉와 〈가을동화〉를 시작으로 유입되기 시작한 한국 드라마가 이제는 일주일 차이로 북한에 돌고 있다고 한다. 최근에는 SBS의 〈별에서 온 그대〉의 영향으로 '도 매니저 앓이'를 하는 북한 여성이 있을 정도라고 한다. 2만 5천 명 북한 이탈 주민들이 하는 말마다 조금씩 다르긴 하지만, 남한의 드라마나 영화 혹은 가요가 북한 사회에 깊이 파고든 것은 사실인 듯하다. 강력한 북한 당국의 처벌을 각오하고 설마 모험을 하는 사람들이 있을까 하는 생각도 해보지만, 통제가 일상화된 사회에서는 실제로 처벌이 별로 억제력이 없다. 결국 반세기 이상 변화 없는 구호 정치에 진력을 느낀 사람들이 새로운 것, 신기한 것, 일상을 잊게 해줄 자극적인 것에 관심을 갖게 된다.한편 북한 사람들에게 남한은 막연한 동경의 대상만은 아니다. 양강도와 함경도에는 남한으로 간 사람들이 많아서 이들이 보낸 송금이 실생활에 상당한 도움을 주고 있다. 이미 90년대에 남한으로 넘어와 방송 활동을 한 유명인은 예전에는 월북자들이 대접을 받았는데, 이제는 탈북자의 가족이나 친인척이 오히려 더 나은 생활을 하고 있다고 한다. 설마 속이 편할 수야 없겠지만, 극도의 경제적 궁핍 속에서 정기적인 지원을 받는 가족들이 남한에 대해 호감을 갖게 되는 것은 당연한 일이다. 결국 영상이나 노랫말 속에 내재된 남한 사회의 모습이 결코 허구가 아니라는 사실을 인지할 경우, 한류 문화는 더 빠른 속도로 퍼져 나간다. 한국전쟁 이후 미국의 대중문화가 한국 사회에 빠르게 자리 잡게 된 것과 같은 현상이다.

결국 북한에서 남한 대중문화의 확산은 필연적이다. 한류문화 속에는 남한의 문화적 가치가 담겨 있기 때문에, 이들 문화 콘텐츠를 감상하는 동안 남한 문화에 친밀감을 느끼게 된다. 정반대로 남한에 대해 갖고 있는 정보가 호의적인 데다가 실제적으로 남한으로부터 경제적 혜택을 받게 될 경우 남한의 대중문화를 선호할 수밖에 없다.

창조적인 자세로
새로운 통일 문화의 공간을 열어가자

우리가 모르는 사이 북한의 대중문화는 변화하고 있으며 남한의 한류 콘텐츠가 일정하게 영향을 미치고 있음을 확인했다. 눈과 귀를 닫고 있는 것으로 보였던 북한 관객들은 윤도현의 괴성과 베이비복스의 배꼽 춤을 기억한다. 한반도의 엄혹한 현실 속에서도 문화적 상상력의 공간은 정치적 환경의 지배를 크게 받지 않는다. 지난 시기 남북한의 대중문화 교류의 순기능을 인정한다면 아래 두 가지 사안에 역점을 두어야 한다.

첫째, 북한에 대한 보다 긍정적인 제스처가 필요한 시점이다. 남북한의 교류가 활발하던 지난 10년간의 교류 기간에도 남북한 대중 가수의 합동 공연이 성사된 사례가 없다. 공연 스타일이 너무 달랐기 때문이다. 하지만 모란봉 악단과 우리 아이돌 가수들의 합동 공연은 적어도 스타일의 차이 때문에 무산될 것으로 보이지는 않는다.

과거 북한은 남한방송사들의 합동공연 제의를 번번이 거절했다. 남한의 대중예술인들과 접촉할 경우 일어날 이른바 "사상·문화적 침투책동"을 우려했던 것이다. 하지만 문화예술분야에서 소극적 방어적 자세를 취했던 북한지도부는 모란봉악단을 결성하면서 적극적 공격적 자세로 전환했고, 여러 차례 실험적 공연을 통해 자신감을 획득했다. 전술했듯이 레퍼토리 선정의 다양성, 무대연출의 파격, 관객의 경직된 관람자세의 탈피 등 남북합동공연의 문화적 기술적인 토대는 어느 정도 마련된 상태이다. 미모의 악단과 가수, 노출이 많은 의상, 이전에 비해 한층 역동적인 무대매너 등 공연 자체의 자생력을 위해서 필요한 '오락성'과 '상업성'도 상당부분 갖추어져 있다.

모란봉 악단의 등장은 남북한 대중문화의 교류 공간이 확대되었음을 보여줄 뿐 아니라 교류 방식에 있어서 우리에게 보다 적극적이고 다양한 시도를 요구하고 있다. 남한 대중문화 콘텐츠의 우수한 경쟁력은 한류를 통해서 입증되어 있다. 어떤 방식으로든 상호 교류가 진행될 경우 남한의 풍부한 콘텐츠가 북한 대중문화의 변화를 견인할 것으로 보인다. 따라서 문화 교류에 있어서는 남한이 이슈를 선점하고 북한에 대해 다양한 선택안을 제시하는 전략이 필요하다. 새로운 문화에 대한 거부감이 적은 신세대 김정은의 등장이 역설적으로 우리에게는 기회를 제공하고 있다.

둘째, 남한 사회에 팽배한 무관심 주의를 극복할 방법을 찾아야 한다. 남북한 관계의 발전을 가로막는 장애물은 상대방에 대한 무관심이다. 초기 북한에 가졌던 막연한 매력과 기대는 교류 과정에서 깨지고 바닥이 났다. 2003년 SBS에서 〈류경정주영체육관 개관 기념 공연〉을 개최했는데, 남한 가수들의 공연이 끝나고 북한 가무단의 공연이 시작되자 시청률이 훨씬 떨어졌다. 2005년 이후(2008년까지) 남한 방송사들의 방북 취재나 제작이 거의 끊기다시피 한 것은 정치적 환경의 영향이라기보다는 시청률을 의식한 방송사들의 자율적인 판단이 한몫을 했다. 특히 북한 문제를 시청률로 접근하는 방송사의 태도는 바뀌어야 한다. 정치적 시각 혹은 상업적 기준을 벗어나 민족 화해와 평화 그리고 통일이라는 한 차원 높은 관점에서 접근하는 노력이 필요하다. 교류를 통해 얻을 수 있는 유무형의 이익과 가능성을 발굴하는 작업을 서둘러야 한다.남북한 문화 교류의 목적이 상대방의 문화를 인정한 상태에서 상호 발전을 꾀하는 공존적 통합이라면, 모란봉 악단의 등장은 남북한의 공존적 통합을 원하는 북한 당국이 남한에 보내는 의미 있는 메시지라고 해석된다. 소극적 방어적 자세에서 벗어나 창조적 발상으로 남북문화 교류의 새로운 공간을 열어가야 할 것이다. 모란봉 악단은 이념성과 대중성의 한계를 극복할 수 있는 절호의 기회를 제시했다. 〈모란봉 악단의 연주와 가수 EXO의 합동 공연〉, 상상만 해도 멋지지 않은가?

에필로그

　　해가 갈수록, 혼자서는 아무 일도 할 수 없다는 사실을 점점 더 확연히 깨닫게 된다. 따뜻한 밥 한 끼 먹으려면 수많은 사람의 정성과 도움이 있어야 가능하고, 겨울철 추위에 견디는 따뜻한 털옷 한 벌 입으려면 셀 수 없이 많은 이들의 노력과 배려가 필요하다. 책 쓰는 일도 다르지 않다. 주변 지인들의 도움이 없었으면 도저히 불가능했을 일이다. 내 머리에서 나온 것은 아무것도 없다. 인터뷰에 응해주신 전 MBC PD 주철환 님, MBC PD 방성근 님, MBC PD 이정식 님, 전 KBS PD 김한곤 님, 전 SBS PD 배철호 님, SBS PD 백정렬 님께 감사 드린다. 때늦은 대학원 재학 중, 남북 대중문화 교류에 대한 체계적인 정리를 할 수 있도록 지도해주신 연세대학교 이은국 교수님, 배종윤 교수님, 이선미 박사님께 사의를 표한다. 만학도의 나태함에 열정을 불어넣어 주신 김태환 교수님, 장계순 교수님, 김형기 교수님, 고경빈 박사님께 고개 숙여 감사 인사를 드린다. 서울대통일평화연구원 선임연구원 장용석 님과 전 평양교향악단 연주자 이준 님의 친절한 자문은 남북 관계를 균형적 시각으로 바라보는 데 큰 도움이 되었다.

모란봉 악단과 은하수관현악단의 공연 내용 분석은 SBS PD 신정관 님(공연연출), 홍성우 님(공연연출), 그리고 제작 리소스팀 이태희 님(조명), 최영균 님(기술), 김준철 님(카메라), 박찬호 님(오디오), SBS A&T 남완주 님(메이크업), 손오호 님(의상)의 전적인 도움을 받았다. 매달 한 번씩 남북방송교류의 방법과 한반도 정세에 대해 함께 고민하는 한국PD연합회 통일방송포럼의 CBS PD 이광조 님, 오현숙 님, MBC PD 김영혜 님, 허진호 님, OBS PD 황선대 님, 한경TV PD 이계우 님, KBS PD 박유경 님 그리고 한국PD 연합회 박건식 회장과 이경은 국장께 동지적 애정과 고마움을 표한다. 또한 오직 북한 어린이들의 건강을 지키기 위해 애쓰는 〈어린이 의약품 지원 본부〉 여러 선생님들의 뜨거운 열정이 이 책을 쓰게 한 중요한 힘이었음을 고백한다.

불안과 설렘으로 휴전선을 넘었던 수많은 방송인, 연예인, 공연 스태프들, 우리를 따뜻이 때로는 섭섭하게 맞아주었던 북한의 대남업무 일꾼들, 그리고 보이지 않는 곳에서 남북한의 대중문화 교류를 지원해준 국가기관 사람들의 업적을 평가하는 데 이 책이 작은 증거로 남길 기대해본다.

2014년 12월,
창가 너머로 오목공원에 내리는 눈발을 바라보며…
SBS PD 오기현

색인_Index

1) 민경찬, 북한의 문화 예술, 한국방송남북교류협력단, 2008, p.62

2) 박영정 등, 북한 예술단체총람, 한국문화관광연구원, 2011, pp.49-52

3) 박영정 등 전게서, pp.39-42

4) 박영정 등 전게서, pp.32-39

5) 김수민, 한승호, 2013 모란봉 악단 신년음악회의 의미와 정치적 의도, 평화학 연구 제14권 4호, 2013, pp.252

6) "경애하는 김정은 동지께서 새로 조직된 모란봉 악단의 시범 공연을 관람하시었다", 로동신문, 2012.7.9, 2면

7) 로동신문, 2013.1.15.

8) 문용철, "명작들을 더 많이", 로동신문, 2013.01.15.

9) 로동신문, 2013.1.1., 1면

10) 전주원, "모란봉 악단의 항조기풍을 따라 배워 선군시대 추체예술의 전성기를 열어가자", 조선예술, 2013년 5월호

11) 정창현, "대중음악계의 새로운 아이콘 모란봉 악단 앞세운 열린 음악정치", 정창현의 김정은시대 북한읽기(13),2013.7.29, 통일뉴스

12) 김일성주석과 당에 대한 충성심, 애국심과 사회주의사상을 고취시키는 노래로 북한 주민을 교양하는 역할을 한다.

13) 강동완•박정란, 김정은 시대 북한사회 변화와 전망 : 공연 분석을 중심으로, 2014. 봄, 정책연구 통권 180호, pp.49-50

14) 강동완•박정란, 전게논문, pp.49-50

15) 강동완 박정란, 전게논문 pp.51

16) 로동신문, 203.7.6

17) 카메라부와 녹화부가 분리되어 있는 카메라로, 다수의 스태프가 조합이 되어 촬영할 수 있는 시스템.

18) 카메라부와 녹화부가 일체형인 카메라로 기동성이 있어서 다큐멘터리 제작이나 야외 녹화 등에 용이.

19) 로동신문, 2012.7.9, 2면

20) 조선중앙TV, 2013.1.1.

21) 로동신문, 2012.12.30.

22) 로동신문, 2013.1.1, 3면

23) 로동신문, 2013.1.1, 3면

24) 김수민•한승호, 2013년 모란봉 악단 신년음악회의 의미와 정치적 의도, 평화학연구 제14권4호,2013.9, p.260

25) 강동완•박정란, 전게논문, p.54

26) 2012년 6월 6일 〈소년단창립66돐 경축 은하수음악회〉

27) 서태지공연 10대소녀들 소동, 국민일보, 1992.8.17, 18면

28) 올림픽체조경기장에서 열린 공연에서 관객이 수십 명 부상하고 1명이 사망하는 사고가 일어났다. 한국일보, 1992.2.18.

29) 전희락·박종렬, 북한에서의 한류확산 과정에 대한 연구,『평화학연구』제14권 4호, 2013.9, p272

30) 로동신문, 2013.1.1.

31) 로동신문, 2012.7.29.

32) 홍수원역, 소프트파워, 세종연구원, 2009, pp.8-9

33) 홍수원, 전게서, p.8

34) 홍수원, 전게서, p.9

35) 전희락•박종렬,전게서, p275

36) 이규현, 신상품마케팅, 경문사, 2005, pp.161-162

37) 전희락·박종렬, 전게서, pp281-282

38) 연합뉴스, "동아대학교 강동완 교수가 중국산 '노트텔'(EVD 플레이어)을 들고 '2013년 북한 주민의 미디어 수용 실태와 과제'를 주제로 발표", 2013.10.22.

39) KCIT 북한문화동향, 한국문화관광연구원, 2013 하반기, p302

40) 조선신보, 2013.7.5.

41) 조선신보, 2014.6.27.

42) 김형기,『남북관계변천사』, 연세대학교출판부, 2010. p. 216-218

43) 오기현,『그해 여름 그들은 왜 조용필을 불렀나?』, 미래를 여는 사람들, 2009. p. 147

44) 이금순외13인,『남북한 사회문화교류와 방송』, KBS, 2006. p. 111.(박영정 집필부분)

45)배철호, 2010. 10. 8. 서울 목동 SBS 본사 사옥. 필자와의 면담.

46)사랑의 미로는 "그토록 다짐을 했건만/사랑은 알 수 없어요/자주 위해 평화를 위해/목숨 바친 그댈 못 잊어……"로 개사가 되어 북한에서 남녀노소 모르는 사람이 없이 불리고 있으며, 특히 김정일 위원장의 애창곡으로 알려졌다고 한다. 김재용 외 6인,『북한의 문화예술』, KBS 남북교류협력단, 2008. p. 84(민경찬 집필 부분)

47) 태진아의 사모곡은 그 뒤 북한에서 허용된 것으로 알려졌다. "공연 갔다 온 지 1년이 안 돼서 북한에서 사모곡을 마음대로 부르라고 허용을 해줬어요". 오기현 연출,『SBS 평양 노래로 잇다』, 2007. 10. 3. (태진아 인터뷰 부분)

48)『로동신문』, 1999. 12. 6. 4면 /『민주조선』, 1999. 12. 8. 3면

49)『로동신문』, 1999. 12. 5. 4면 / 1999. 12. 7. 4면 / 1999. 12. 8. 4면 /『민주조선』, 1999. 12. 7. 3면

50) 강동완. "영상매체의 유통경로와 북한 주민의 의식변화" (현대북한연구회 창립 10주년 기념 학술회의 발표 자료, 2010.8.24.)

51) 조한범. "정상회담 이후 사회문화교류가 북한사회에 미친 영향" (남북관계 발전과 한반도 평화 정착 국제학술회의 주제 발표, 2002.6.14.) 그 밖에 해금된 최신가요는 주병선의 〈칠갑산〉이다.

52) 김선향. "1999 방송과 시청자-MBC 민족통일 음악회"(『통일시론』통권 7호, 청명문화재단, 2000.) p. 170

53) 손정인. "새천년 남북합동 콘서트 개최",『국제신문』. 1999. 11. 30.

54) 주철환, 2010. 10. 29. 서울 목동 방송회관. 필자와의 면담.

55) 주철환, 앞의 면담 / "대중가요는 시대의 정서를 반영한다",『MBC 민족 통일 음악회』, 1999. 12. 22. (김현경 기자 해설 부분)

56) 김선향. 앞의 기사. p. 172

57)『MBC 민족 통일 음악회』, 1999 12. 22. (차인태 클로징 멘트 부분)

58) 김선향. 앞의 기사. p 171

59) 주철환. 앞의 인터뷰.

60) 북한 측의 공연이 일부 편집되었으므로 실제 공연 시간은 70분을 넘어선 것으로 보인다.

61) 북한 당국은 김정일 위원장의 작품인 6.15 선언의 정신에 따라 남한 측의 가수들이 북한을 방문하게 되었다고 선전하고 있다. 졸저, p. 125

62)『여기는 평양 오! 통일코리아』, MBC, 2002. 및 방성근, 2010. 10. 27. 경기도 고양시 MBC 일산스튜디오. 필자와의 면담.

63) 방성근 연출,『2002 MBC평양특별공연, 이미자의 평양 동백아가씨』, MBC, 2002. 9. 27. (박영선 해설 부분)

64) MBC는 2000년 12월 19일 부터 21일까지

3일간 이미자를 비롯한 송대관, 주현미, 문희옥, 김영임이 참가하는 공연을 준비했으나 북한의 내부 사정으로 취소되었다. (『서울신문』, 2000. 12. 12. 19.)

65) MBC, 앞의 프로그램(정혜정 MC의 방송 해설 부분) / 이미자, "2002 MBC 평양특별공연을 마치고"『여기는 평양, 오! 통일코리아』, 문화방송, 2002. p. 36 남한 방송사의 방북 공연은 '한반도의 평화와 통일에 기여'라는 일반적인 취지를 가지고 진행되나 이번 공연은 특별히 북한 대표팀이 참가하여 남북화해의 장이 된 '부산아시안게임의 성공적인 개최'가 추가 된 것으로 보인다.

66) 민경찬.『남북한사회문화교류와 방송』, KBS 남북방송교류협력팀, 2006. p. 121(민경찬 집필 부분)

67) 방성근, 앞의 면담. MBC 대표단은 공연 5일 전 평양을 방문해 2가지 공연 방식을 제시했으며, 어렵게 북한 측을 설득해 2회 공연 합의를 이끌어냈다.

68) 방성근, 앞의 면담

69) 유현상, "동무는 완전히 열정주의자야!", MBC, 앞의 책. p. 43

70) 방성근, 앞의 면담

71) 최상일, "2002 MBC 평양특별공연을 마치고", MBC, 앞의 책. p. 31

72) 평양에서 발간되는 월간잡지 금수강산 2001년 1월호는 계몽기 가요에 대해 19세기 말엽부터 광복전인 1940년대 중엽에 이르는 시기에 창작·보급된 계몽적 성격을 가진 가요로 규정하고 크게 △계몽 가요(계몽 창가) △동요 △신민요 △예술(서정)가요 △대중가요(유행가)로 구분했다. 금수강산, 2001. 1.

73) 최상일, 앞의 책. p. 33

74) 방성근, 앞의 책. p. 41

75) 최상일, 앞의 책. p. 28

76) 최성경(48, 전 평양 형제산구역 하당동 민주여성동맹위원장), 2010. 11. 10. 서울시 봉천동. 필자와의 면담.

77) 최성경, 앞의 면담. 이미자 공연을 관람했던 최성경은 공연 이전에는 단순히 '외국 가수의 공연'으로만 알았으며, 남한 가수 공연이라는 사실은 공연이 시작되고 처음 알았다고 한다.

78) 이미자 씨의 노래는 들어본 적이 별로 없어서 가사의 내용이 무척 궁금했다고 한다. 남한의 가수들은 감정 표현에만 신경을 쓰느라 가사 빌음을 얼버무리는 경향이 있음을 인정하지 않을 수 없다'. 최상일, 앞의 책. p. 31

79) '귀중한 기회에 동참해 멋진 공연을 관람했다는 뿌듯함은 있었지만 관객들의 반응에 뜨거움이 느껴지지는 않았던 것이다' 이희용, 앞의 책. p. 74

80) 방성근, 앞의 책.

81) 최상일, 앞의 책. p. 31

82) 방성근, 앞의 책. p 41

83) 방성근, 앞의 책. p 42

84) 졸저, p. 320

85) 방성근, 앞의 책. pp. 41−42

86) 졸저, p. 320

87) 김연자의 공연(2001년 4월 4일, 7일/2002년 4월 8일, 10일)에 대해서는 북한 언론들이 대대 적으로 보도한 바가 있다.(『로동신문』, 2001. 4. 14. 4면, 2002. 4. 9. 4면 등)그러나 김연자는 재일한국인의 자격으로 방문하여 남한 방송사와 연계된 공연은 하지 않았다.

88) "남조선 〈문화방송〉 공연단 만경대 방문, 여러 곳 참관", 『로동신문』, 2002. 9. 27. 4면, '최고인민회의 상임위원회 김영남 위원장이 남조선 〈문화방송〉 공연단 지휘성원들과 주요 배우들을 만났다'『로동신문』, 2002. 9. 28. 2면, "남조선 〈문화방송〉공연단 여러 곳 참관"『민주조선』, 2002. 9. 27. 4면

89)『로동신문』, 2002. 9. 28. 4면

90) 정봉섭, "복고적이며 퇴폐적인 음악—서울 예술단의 공연을 보고", (『조선예술』, 1986년 1월호) p. 59

91) 『민주조선』, 2002. 9. 27. 5면, 2002. 9. 28. 3면, 2002. 9. 29. 4면, 2002. 10. 1.4면

92) 『조선예술』, 2002년 12월호. p. 48

93) '민족의 자랑, 명성 높은 가수—일본에 있는 남조선 가수 감련자의 공연을 보고' 『조선예술』, 2001년 6월호. p. 20.

94) 방성근, 앞의 책. p. 42.

95) 김한곤, 2010. 10. 20. 서울 여의도. 필자와의 면담.

96) 김한곤, 앞의 면담.

97) 김한곤, 앞의 면담.

98) 북한 가요 〈심장에 남는 사람〉은 북한 지도자를 사모하는 노래로 알려져 있어서 2003년 10월 SBS의 방북 공연 당시 조영남이 불렀을 때 문제가 되기도 했다. KBS 측이 삭제 없이 방영한 것은 이러한 내용을 사전에 미처 파악하지 못했던 것으로 보인다.

99) 송해가 황해도 재령 출신의 실향민으로 북한 사투리에 익숙하다는 점, 칠순이 넘은 노인으로 어지간한 농담은 양해가 된다는 점도 평양 관객의 호응을 받은 이유로 보인다.

100) 김한곤, 앞의 면담.

101) "8월의 모란봉에 펼쳐진 평양 노래자랑 무대", (『조선예술』, 2003년 11월호. p.48.)

102) 강동완, "영상매체의 유통 경로와 북한 주민의 의식 변화" (현대북한연구회 창립 10주년 기념 학술회의 발표 자료. 2010. 8. 24) p. 130

103) 김한곤, 앞의 면담.

104) 류경정주영체육관은 1999년 9월에 착공하여 2003년 5월에 사실상 완공되었다. 총 공사비로 미화 5,600만 달러가 투입되었으며 좌석 수는 12,309석이다. 『세계일보』, 2003.10. 7. 8면

105) 임동원, 『피스메이커』, 중앙books. 2008. p. 703

106) 백정렬. 2010. 10. 4. 서울 목동 SBS 본사 사옥. 필자와의 면담.

107) 『동아일보』, 2003. 8. 5. 23면

108) 백정렬, 앞의 면담.

109) 백정렬, 앞의 면담.

110) 1998년 5월 필자의 방북 취재 시 지원을 담당했던 북한 민족화해협의회 일꾼이 무대 좌측 중간에 앉아 관람하는 장면이 화면에 몇 차례 잡혔다.

111) 『로동신문』, 2003. 10. 8. 5면 및 2003. 10. 9. 4면

112) 졸저, p. 121

113) 이종일, 앞의 면담.

114) 『로동신문』, 2005. 8. 23. 4면/『민주조선』, 2005. 8. 23. 5면

115) 『로동신문』, 2005. 8. 24일. 4면/『민주조선』, 2005. 8. 24. 4면

116) 졸저, p. 127

117) 『세계일보』, 2005. 8. 31. 9면

118) 윤경태, "민족공동체의 형성과 민족통일" (『통일문화연구』상.1994.통일연구원).p. 123

119) 강석승, "문화 교류를 통한 동질성 회복 방안"(『국학연구』제10집,2007).pp. 147-148

120) 김형기, 『남북 관계 변천사』, 연세대학교 출판부, 2010. pp. 216-218

121) 통일의 과정은 민족 동질성 회복이어야 한다. 함석헌, 『뜻으로 본 한국 역사』,한길사, 2003.

122) 이상우, 『함께 사는 통일』, 나남, 1993. p.160

123) 윤경태, 앞의 책. pp. 119-120

124) 윤경태, 앞의 책. pp. 120-121

125) 조한혜정·이우영,『탈분단 시대를 열며』, 도서출판 삼인, 1996.

126) 김학성, "문화적 이질성 극복과 통일문화 형성"(『한반도 통일론-전망과 과제』, 건국대학교출판부, 1997.)

127) 조한혜정·이우영, 앞의 책. p. 322

128) 조한혜정·이우영, 앞의 책. p. 328

129) 박신의, "남한과 북한, 통일의 문화적 조건"(『국학연구』제10집, 2007.) p. 84

130) 전통놀이인 줄넘기, 그네 등을 예술로 승화시킨 '교예'가 남한의 대중예술계에 신선한 자극을 주었고(주강현,『북한의 우리식 문화』, 당대, 2000.) 남한의 한류 문화가 북한 청소년의 의식을 변화시키는 것(YTN, "북한도 한류 열풍", 2010. 12. 11.)은 그 한 예라고 하겠다.

131) 조한혜정·이우영, 앞의 책. p. 329

132) 조한혜정·이우영, 앞의 책. p. 333

133)『동서독 교류협력 사례집』, 통일원 통일정책실, 1995. p. 612

134) "Wir dulden keine Gammler" http://www.bstu.bund.de/DE/InDerRegion/Leipzig/Regionalgeschichten/Beatrevolte/beatrevolte.html

135) "Der westliche Einfluss auf die DDR-Jugend", http://dokumente-online.com/der-westliche-einfluss-auf-die-ddr-jugend.html

136) 앞의 사례집, pp. 688-690

137) 게르하르트 담프만, "독일통일과 동서독 언론의 역할"(『독일통일과 언론』, 한국언론연구원). p. 8

138) NHK 취재반, 이혜복 역,『이리하여 혁명은 국경을 넘었다』, 청계연구소, 1991. p.54

139) 장두환,『통일과 문화 . 통일 독일의 현실과 한반도의 통일 전망』, 2003. p. 49

140)『동서독 교류 협력 사례집』, 통일원통일정책실, 1995. p. 688

141) 유동희, "남북 방송 교류의 전망과 통일방송의 기능 - 분단국 비교를 중심으로"(『서강대학교 공공정책대학원 북한학과 북한특수 전공 석사논문』, 1995.). p. 697

142) 앞의 사례집, p. 691

143) 김학천, "방송 교류의 정책과 과제"(『방송문화』제130호, 1990.) p. 7

144) 앞의 사례집, p. 692

145) 이장희, "방송 교류 전향적 태도 필요",『세계일보』, 1992. 6. 3.

146) 게르하르트 담프만, 앞의 책. p. 9

147)『동서독 교류 협력 사례집』, 통일원 통일정책실, 1995. p. 699

148) 김종대, 흑색선전보다는 초코파이가 효과적이다. 한겨레신문, 2014.3.13.

149)『동서독 인적 교류 실태 연구』, 민족통일연구원, 1996. p. 83

150) 네이버,『두산백과』, K-POP